21세기에 성공하는
힘있는 여자

루이스 헤이의 EMPOWERING WOMAN

21세기에 성공하는
힘있는 여자

루이스 헤이 지음 | 김태은 옮김

Starlight

21세기에 성공하는 **힘있는 여자**

초판 1쇄 발행 2021년 2월 23일

지은이 | 루이스 L. 헤이

옮긴이 | 김태은

펴낸이 | 김태은 엄남미

펴낸곳 | 도서출판 스타라잇

책임 편집 및 감수 | 엄남미

디자인 | 필요한디자인

출판등록 | 2020년 3월 31일 제 40-2020-000020호

주소 | 경기도 김포시 태장로 741, 6층 682호

이메일 | starlightbooks@naver.com

전화 | 070-8771-2052

팩스 | 0504-369-8027

IBSN 979-11-971354-9-1

www.starlightbooks.com

empowering woman

◆ ◆ ◆

이제는 여성들이
스스로 제한했던
장벽을 깨고
나아가야 하는 시대입니다!

여러분은
스스로 꿈꿔왔던 것보다
더 많은 것을 이룰 수 있는
가능성이 있습니다!

차례

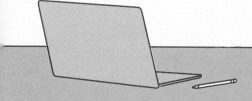

임파워링 우먼에 대해

이 책은 여성들이 뭔가 오래된 것이든 새로운 것이든 자신의 잠재적인 가능성을 깨닫고, 새로운 아이디어와 소중한 생각을 발견할 수 있도록 도울 것입니다. 기본적으로 생각해 볼 때 여성들에게 힘을 실어주는 것이야말로 이 지구상에서 미래를 위해 가장 확실한 것을 창조한다고 생각합니다. 여성들이 눌려 있고 힘이 빠져 있다면 우리는 모두 패배할 것이고, 여성들이 승리한다면 우리가 모두 승리할 수 있습니다.

—저자 루이스 엘. 헤이

시작하며

먼저 기억해야 할 것은 저를 포함한 많은 교사가 당신을 성장의 길로 인도하는 디딤돌 역할을 할 것이지만, 치유하는 사람은 아니라는 점입니다. 저는 그 누구도 치유할 수 없습니다. 다만 많은 생각과 아이디어들을 통해 당신의 존재에 힘을 실어줄 수 있을 것입니다.

저는 당신이 더 많은 책을 읽고, 다양한 교사들에게서 배우기를 원합니다. 어떤 한 사람이나 한 시스템이 당신의 인생을 책임지지 않길 바랍니다. 인생은 우리가 생각하는 이상으로 변화무쌍하며, 성장하고, 확장하기에 삶을 총체적으로 이해하기에는 너무나 거대합니다.

이 책에서 좋은 것들만 선택하세요. 취하고, 활용하고, 그리고 다른 멘토에게도 찾아가세요. 계속에서 배움을 확장해 가면서, 깊이 있게 자신에게 주어진 삶을 이해하기 바랍니다.

당신과 나를 포함하여 모든 여성은 어린 시절부터 수치와 비난이라는 굴레 속에서 부모와 사회로부터 '여성이 되는' 규칙과 규범을 두려움으로 배워 왔습니다.

물론 아닌 여성도 간혹 있을 수 있습니다.

인생에는 지속하는 변화와 그에 따른 다양한 배움의 시기가 있습니다. 지금은 '변화'를 위해 한 단계 더 나아갈 수 있는 아름다운 시기입니다. 여성은 남성의 변덕과 신념 체계에 전적으로 영향을 받아 왔습니다. 우리는 언제, 왜, 무엇을 해야 하는지 하나하나 가르침을 받아왔습니다.

제가 기억하는 어린 시절에 저는 항상 남자의 뒤에서 걸어야 하며, "제가 무엇을 생각하며, 무엇을 할까요?"라고… (말 그대로 이렇게 배우지는 않았지만) 어머니를 보면서 저는 그것이 어머니가 살아온 모습이었고, 그것이 제가 배워야 하는 행동이라고 생각했습니다. 그녀의 삶의 배경은 온전히 남성에게 순종하도록 가르침을 받았기에 학대도 당연히 받아들여야 했고, 저 또한 그렇게 여겨왔습니다.

우리 부모님의 신념에서 비롯된 '받아들임'과 '반응' 이것이 바로 여성들이 해 온 완벽한 배움의 패턴입니다.

그러나 그 신념은 올바른 것이 아니며, 제가 한 여성으로서 '권리'가 있다고 깨닫기까지, 정말 오랜 시간이 걸렸습니다. 제가 조금씩 내면의 신념과 의식을 변화함으로써 저는 스스로 자기 가치와 자아 존중감을 만들어 내고 있습니다.

그와 동시에 우리의 외부 세계 역시 빠르게 변화되고 있습니다. 저는 이제 더 지배하고 학대하는 남성에게 끌리지 않습니다. 내면의 자기 가치와 자아 존중감은 여성들이 스스로의 가능성을 위해 가장 중요한 것들입니다. 만약 이 두 가지가 없다면 스스로 개발할 필요가 있습니다. 내면의 자기 가치가 강해지면, 스스로 하찮게 여기거나 학대를 받아들이지 않게 됩니다. 우리는 스스로가 '별로이다.' 혹은 '가치가 없다'라고 여길 때에만 누군가의 지

배 아래 놓이게 됩니다.

저는 오늘날 여성들이 이 세상에서 자신의 진정한 위치를 찾고, 자신이 되고자 하는 대로 변화하도록 돕는 것을 목표로 하고 있습니다. 저는 모든 여성이 자신을 사랑하고, 자기 가치와 자아 존중감, 그리고 사회 속에 힘 있는 위치에 설 수 있도록 도울 것입니다.

이것은 남자의 자리를 없애자는 것이 아닙니다. 여성과 남성 모두에게 이익이 되는 진정한 '평등'을 찾기 위한 것입니다.

여러분이 이 책을 읽고, 공부하는 동안 당신이 지녀왔던 신념들과 태도가 변화하기까지는 시간이 걸린다는 것을 기억하십시오. 얼마나 걸릴까요? 질문할 수 있습니다. 얼마나 빨리 제가 새로운 생각들을 파악하고 받아들일 수 있을까요?

그건 사람마다 다를 것입니다. 너무 서두르거나 재촉하지 마세요. 당신이 할 수 있는 한 최선을 다해 노력하면, 우주의 제한 없는 지식이 여러분을 올바른 방향으로 인도

해줄 것입니다.

하나씩 하나씩, 매 순간 매 순간, 매일 매일 연습해 보세요. 그러다 보면, 우리가 원하는 그 모습에 이를 수 있을 것입니다.

Chapter 1

시작하며 :

우리는 배우고 해야 할 일이 많습니다.

저는 여러분께 여성이 과거로부터 어떻게 학습이 되어 왔는지 그 완벽한 예를 보여드리겠습니다. 이것은 1950년 미국의 고등학교 경제학 교과서에서 발췌한 내용입니다.

실제로요!

저녁을 준비하기 늦은 밤이 되기 전에 맛있는 식사를 어떻게 세팅할 것인지 미리 계획합니다. 이것은 남편의 필요를 채워주고, 그를 배려했다는 것을 보여주는 방법입니다. 대부분 남자는 집에 오면 허기지기 때문에 그를 위해 좋은 식사를 준비하는 것은 그들의 필요를 채우는 따뜻한 환영 인사 중의 하나라는 것을 잊지 마세요.

당신 자신을 준비하기 그가 도착하기 전에 15분 정도는 휴식을 취해 에너지를 충전하세요.. 메이크업하고, 머리에 리본을 매어 신선한 외모를 유지하세요. 남편은 과도한 업무의 사람들과 일을 하고 돌아오는 중입니다. 조금 더 발랄하고, 흥미로운 사람이 되세요. 그의 지루한 일상에 활력이 되어 줄 것입니다.

흩어진 물건들을 정리하기 남편이 도착하기 전에 집에서 해야 하는 가장 중요한 일은 정리정돈입니다. 교과서, 장난감, 종이 등 흩어진 물건을 정리하세요. 그리고 식탁을 행주로 닦으세요. 당신의 남편은 정리정돈이 잘 된 집을 보며, 편안함을 느낄 것이고, 그것은 당신에게도 활력을 줄 것입니다!

아이들을 준비시키기 아이들의 얼굴과 손을 깨끗이 씻어 주세요. (아이들이 어리다면) 머리를 빗겨 주고, 필요하다면 옷도 갈아입혀 주세요. 남편은 아이들이 작은 보물과 같은 역할을 해 주기를 기대합니다.

집안의 소음 최소화 하기 남편이 돌아오는 시간에는 설거지, 드라이기, 식기세척기, 청소기 등의 소음을 최대한 줄여 주세요. 아이들도 가능한 한 조용히 시켜 주세요. 그를 행복하게 맞이하기 위해 따뜻한 미소로 인사하세요. 그리고 반갑게 그를 환영합시다.

하지 말아야 할 것 남편에게 문제와 불만을 품고 인사하지 마세요. 만약 남편이 저녁 식사에 늦게 도착했다고 해도 원망하지 마세요. 이것은 그날 남편이 해야 하는 작은 일 중에 하나라고 생각하세요. 그를 편안하게 해 주세요. 그를 편안한 의자에 앉게 하거나 침대에 누워 있게 하세요. 시원하거나 따뜻한 음료를 그를 위해 미리 준비하세요. 그가 신발을 벗기 전에 그의 베개를 미리 정리하세요. 낮고 부드러우며, 다독이면서도 기쁨의 음성으로 그에게 말하세요. 남편의 긴장감을 풀어 주세요.

남편의 말을 먼저 듣기 당신은 남편에게 하고 싶은 말이 열

개도 넘을 겁니다. 그렇지만 그가 도착했을 때는 좋은 타이밍이 아닙니다. 그가 먼저 말을 하게 하세요.

남편의 저녁을 챙겨주기 남편이 외식하지 않거나 어떤 기뻐할 만한 이벤트를 해 주지 않아도 절대 원망하면 안 됩니다. 대신 그가 세상에서 겪는 긴장과 압박을 이해하려고 노력하세요. 그에게는 절대적인 휴식이 필요합니다.

만약 위의 사항들이 여러분이 원하는 것이라면 잘못될 것이 하나도 없습니다. 하지만 알아야 할 것은, 그 당시 여성들은 온전히 그녀의 남편을 기쁘게 하는 것에 프로그래밍되어 있다는 것입니다. 이것은 "좋은 여성"이란 어떻게 행동해야 하는가를 의미하는 것이기 때문입니다. 여자들보다는 남자들에게는 좋을 수 있는 일이죠.

이제 우리 여성들은 자신의 삶을 위해 다시 한 번 생각해 봐야 합니다. 우리는 이제 모든 것 하나하나를 가지고 다시 질문하고 배워서, 우리의 삶을 재발명해야 합니다.
일상의 루틴과 같은 요리, 청소, 육아와 심부름, 그리고 운전하는 것까지 우리는 아무 생각 없이 자동으로 의무를 감당해 왔습니다.

시간은 흐르고 있습니다. 이렇게 삶의 조각들을 잃어버린 채 남은 생을 살아야 할까요?

여성들을 세운다는 것은 남성들을 밀어내는 것이 아닙니다. 남성을 몰아세우는 것은 여성들을 괴롭히는 것이나 마찬가지이기 때문입니다. 우리는 그렇게 하는 것을 원하지 않습니다. 이렇게 하는 것은 우리 모두를 더 나아가지 못하게 붙잡아 두기 때문입니다. 이런 일들은 우리가 지금까지도 충분히 해 왔다고 생각합니다.

남성과 사회를 비난하는 것은 공동체의 아픔이며 우리의 삶을 치유하는 것이 아니라 무기력하게 할 뿐입니다. 비난은 힘 빠지는 일입니다.

남자들을 위해 우리가 할 수 있는 가장 최선의 일은 여성들이 피해자 역할을 그만두고, 함께 행동으로 실천하는 것입니다. 우리가 모두 자존감을 느끼게 되길 기대합니다.

저는 남성들에게도 강한 연민의 마음을 가지고 있습니다. 그들이 직면한 삶 역시 많은 어려움을 마주하고 있으며, 그에 따른 변화가 필요합니다. 남자들은 맡은 바 임무들과 무거운 책임감, 그리고 압박들에 묶여 있습니다. 어린 시절, 소년 때부터 그들은 눈물을 흘리거나 감정을 표현하지 못하도록 교육받아 왔기 때문입니다. 스스로가 감정을 눌러놓도록 말이죠. 제 생각에 이것은 명확한 아동학대와 고문의 형태로 볼 수 있다고 생각합니다. 그래서 성인 남성들이 자신도 모르게 많은 분노를 가지고 있고, 표출하고 있습니다.

게다가 대부분 남성은 아버지와의 관계를 충분히 갖지 못한 것에 후회하고 있습니다. 만약 여러분이 남자가 우는 모습을 보고 싶다면, 어디 조용한 곳에서 그의 아버지에 관한 이야기를 시작해 보십시오. 대부분 남성은 아버지와의 관계를 깊이 후회하고 있으며, 어린 시절을 좀 더 풍성하게 누리지 못한 것에 대한 슬픔을 표현하며 눈물 흘리는 모습을 보여 줄 것입니다. 남자들이 얼마나 아버지로부터 사랑받고, 소중한 존재로 인정받기를 원하는지 아시나요?

여자들은 여성으로서 '잘' 해야 하는 세뇌 교육으로 인해 나의 필요보다는 누군가의 필요를 먼저 채우는 것에 길들어 있습니다. 대부분은 '내가 누구인지'에 대한 삶의 실제적인 질문보다는 '무엇을 해야 하는지'에 대한 의무로 삶을 채워 왔습니다.

그 의무로 인해 '누군가를 항상 대접' 해야 하는 부담감으로 마음 한쪽에 '한'으로 남아 있게 됩니다. 그래서 대부분 자신의 삶을 두고 후회를 하죠.

엄마들은 대부분 두 가지 정규직을 병행합니다. 출근해서는 사무실에서의 일을 해야 하고, 퇴근 후 집에 도착해서는 가족을 돌봐야 합니다. 이렇게 스스로 희생자가 되어 자신을 삶을 희생하고 있습니다.

우리는 조금씩 쉬는 시간을 가져야 몸이 아프지 않게 됩니다. 하지만 여성들은 쉬기 위해 몸이 아플 때가 많습니다. 왜냐하면, 여성들은 본인이 스스로 "아니오" 하기 전까지 스스로 쉬는 시간을 허락하지 않기 때문입니다.

정말로 알아야 할 것은 여성이 두 번째 시민이 아니라는 것입니다. 비상식적으로 이러한 사회의 인식들이 지속되어 왔지만, 영혼에는 순위가 없습니다. 영혼은 성별도 갖고 있지 않지요. 우리가 다른 사람들의 가치를 아는 만큼 나의 삶의 가치와 가능성을 알아야 합니다. 물론 페미니스트 운동이 이렇게 여성들이 불의하고, 부당하게 비난받는 것에 대해 너무나 화가 났기에 시작됐다는 것을 압니다. 그 당시에는 그것이 옳았습니다. 여성은 그들의 좌절로부터 탈출해야만 했습니다. 물론 잠깐은 탈출한 듯했습니다. 마치 심리 치료를 받는 것처럼 말이죠. 만약 여러분이 어린 시절 받은 학대로 인해 심리상담사를 찾아간다면, 그들은 먼저 치유가 되기 전에 반드시 당신의 모든 감정을 표현할 필요가 있다고 진단할 것입니다.

그러므로 여성들이 그렇게 억울하고, 분노한 감정들을 표출할 시간이 있었기에 펜듈럼은 적절한 균형을 잡아간 것입니다. 바로 이것이 오늘날 여성들에게 일어난 일이죠.

지금 우리에게 필요한 것은 분노와 비난, 피해의식과 무기력함을 내려놓는 것입니다. 이제는 여성들이 스스로

가 가진 힘을 인정하고, 주장해야 할 때입니다. 바로 지금
이 스스로가 가진 생각과 아이디어를 가지고 원하고 바라
는 세상을 만들어 가야 할 때입니다.

　여성들이 긍정적인 방법으로 자기 존중감과 자신의 가
치를 알고, 스스로 돌보는 법을 배우기 시작할 때, 이 세상
을 살아가는 모든 사람, 즉 인류가 올바른 방향으로 가는
양자 도약이 일어나게 됩니다.

　남녀의 성별이 모두 존중받으며, 서로 사랑하며 남성과
여성이 서로 존중하게 될 것입니다. 우리는 모두에게 배
울 것이 너무나 많이 있습니다. 그러므로 서로를 축복하
며 번영하게 될 것입니다. 저는 서로가 사랑하기에 안전
하며, 행복하며, 온전한 세상을 함께 만들어 갈 수 있다고
믿습니다.

　오랜 시간 여성들은 우리가 살아가는 삶에 더 많은 영
향력을 끼치기를 원했습니다. 이제 우리가 모든 것을 할
수 있는 기회의 창이 눈앞에 있습니다. 물론 아직도 여성

과 남성이 법적으로 힘을 갖는 부분에 있어 불공평한 부분이 있다는 것을 압니다. 우리는 아직도 법률적인 부분에서 어떻게 발전시켜 나갈 것인지 진행 중입니다. 왜냐하면, 법은 남성을 위해 쓰인 것이기 때문입니다. 법정에서는 아직도 남성들이 어떤 이유로 범죄를 저질렀는지 더 많이 이야기하고 있습니다. 심지어 강간의 사례에서도!

저는 대중을 위한 캠페인을 통해 남성과 여성이 공평하고 유리한 법을 다시 써야 한다고 생각합니다. 여성은 사회 논쟁거리를 움직이는 거대한 집단권력을 가지고 있습니다. 우리는 그 권력, 집단권력이 있음을 꼭 기억해야 합니다. 이렇게 쌓여온 여성들의 에너지는 평범한 사례에도 하나될 때, 놀랍게 사용이 됩니다.

75년 전, 여성들은 그들의 권리를 위해 캠페인을 시작했고, 오늘날 여성들은 사무실에 일하러 가게 되었습니다. 저는 여성들이 정치적인 자리에도 위치하기를 격려합니다. 우리는 정치에 속해 있고, 그곳은 모두에게 열린 영역입니다. 이 세상을 책임지는 데 있어 제한은 없습니다. 만약 우리가 법과 정부를 새롭게 만들기 원한다면, 그래서 여성들을 공평하게 지원하게 하려면 우리는 반드시 그 영역으로 들어가야 합니다. 우리는 작은 캠페인의 단계부터 시작할 수 있습니다. 어떤 인생의 훈련이 필요하지 않습니다. 정치 부분의 활동은 여성을 더욱 영향력 있는 자리로 가게 해줄 것입니다. 1935년에 엘리노어 루스벨트는 회의를 통해 새로 지어진 집에 실내 화장실을 만드는 법을 제안받았습니다. 그때 많은 남성이 반대표를 던지면서 "어떻게 부자든지 가난하든지 모두에게 화장실이 필요한 것인가?"라고 반발했습니다. 오늘날 실내에 화장실이 있는 것은 우리가 알지 못하는 여성들이 맞서 싸운 시간을 통해서라는 것을 기억해야 할 것입니다.

여성들이 함께할 때, 우리는 산을 옮길만한 좋은 일들을 만들어 낼 수 있습니다.

우리는 이러한 시선을 놓치지 않기를 원합니다. 식민지 시대에 남자는 확실한 군주였습니다. 아내나 자녀, 종들을 채찍으로 다스려 어떤 불순종도 있지 않았죠. 1850년대에는 어떤 여성도 섹스를 거부할 수 없었습니다. 네. 물론 이

야기가 너무 멀리 왔지만, 이제부터 우리의 혁명이 시작
될 것입니다. 우리는 배우고, 해야 할 일이 많이 있습니다.
여성들은 이제 새로운 자유와 개척정신을 가져야 합니다.
세상에 여성이 홀로 남겨져 있다 해도 여성을 위한 새로
운 해결책이 필요합니다.

Chapter 2

미디어 광고 :
여성의 자존감을 목표로 삼기!

이 세상에 쏟아지는 광고들은 여성들의 자존감이 모자란 부분을 목표로 삼아 만들어져 왔습니다. 부족한 자존감을 채우려면 이 제품이 꼭 필요하다는 식으로 광고를 하는 것이죠. 광고에서 이야기하는 핵심은 이것입니다. "당신은 뭔가 조금 부족합니다. 단지 이 부분만 조금 채우면 완벽해지는데, 그것은 바로 우리 제품을 살 때 가능해질 것입니다." 라고 말이죠. 이런 광고들은 우리가 그 신념을 받아들일 때 통하는 일입니다. 우리가 스스로 뭔가 부족하고, 고쳐야 할 필요가 있다고 믿을 때 말이죠. 이렇게 자신을 스스로 부족하게 느끼게 해서 제품을 사게 만드는 미디어 광고의 현실을 이제는 반드시 멈춰야 합니다.

광고로 가장 공격받는 부분은 바로 우리의 '몸'입니다. 왜냐하면, 우리는 사회로부터 몸에 대한 부정적인 신념을 가지면서 자라왔기 때문입니다.

"당신은 충분하지 않아"

대부분 우리는 자신의 몸을 온전히 받아들이고, 사랑하지 않기 때문에 이런 메시지를 담은 광고는 여성들에게 적중합니다. 우리 중에 얼마나 많은 사람이 자신의 몸을 정말로 사랑한다고 할 수 있을까요?

우리는 우리의 코, 엉덩이 등을 만족하거나 받아들이기가 힘들다고 말해 왔습니다. 그렇다면, 우리의 몸을 받아들이는 가장 좋은 나이는 또 언제일까요? 아기는 자신의 엉덩이 치수 때문에 부족한 사람이라고 절대로 느끼지 않습니다!

안타깝게도 이성적 판단이 취약한 사춘기 소녀들은, 자존감을 떨어뜨리고, 매력적으로 보이기 위해서 이런 제품이 필요하다는 광고들에 폭격당하고 있습니다. 이게 바로 사춘기 소녀들이 사회에서나 그룹에서 낮은 자존감을 느끼게 되는 이유입니다. 이런 낮아진 자존감은 시간이 지나 어른이 되어서도 지속하는 경우가 많습니다. 문신하는 회사가 바로 이런 것을 잘 활용합니다. 낮은 자존감을 만들어 중독에 이르게 하면 이들이 자신의 평생 고객이 된다는 것을 알고 있기 때문입니다. 우리의 자녀들에게 얼마나 더 이런 것들을 허용하시겠습니까?

저는 다섯 살 된 소녀가 이런 말을 하는 것을 들었습니다.

"난 이 드레스 입기 싫어! 뚱뚱해 보이거든!"

오늘날, 십 대 소녀들이 다이어트를 하고 있습니다. 학교에서는 신경성 거식증과 폭식증이 만연하고 있습니다. 우리는 아이들을 위해 무엇을 할 수 있을까요?

당신이 부모라면, 미디어 광고가 얼마나 우리를 악용하는지 하나씩 해석하면서 보여줘야 할 것입니다. 광고가 어떻게 조종하는지 아이들에게 알려주십시오.

그저 반응하며, 수동적인 선택을 하는 것이 아닌, 스스로가 현명하게 선택을 하는 인생이 얼마나 힘 있는 인생인지 아이들에게 일찍 가르쳐 주십시오.

여성을 위한 잡지가 최신 다이어트 도움말과 동시에 살찌는 디저트 조리법을 동시에 기재한다는 사실을 알고 계십니까? 이것은 우리에게 어떤 메시지를 주려고 하는 걸까요?

살을 찌우고, 다시 빼고, 살을 찌우고, 다시 빼고⋯. 많은 여성이 요요 다이어트를 하는 중입니다. 모든 광고와 TV 미디어에서 주는 메시지들에 부응할 방법은 없습니다. 다만, 비판적으로 분별해서 보십시오.

'이 광고가 나에게 주는 메시지는 무엇일까?'

나에게 부족한 존재라고 말하는 것인지 아니면, 이대로 충분하다고 말하는가? 내가 꿈을 이루기에 부족하다고 말하는가? 그렇다면 그 자리에서 크게 웃어 버리세요! 그 광고에 힘을 조금이라도 실어주면 안 됩니다. 이렇게 악용하는 광고들은 여성의 삶을 조종하고, 지배하고 있습니다. 우리는 다시 힘을 찾기 위해 무엇이든지 해야 합니다.

광고를 보면서 '저 여자의 엉덩이처럼 예뻐지면 어떨까?'라고 생각하는 것 대신에, 스스로 판단할 수 있는 지성을 가진 여성들을 모욕하는 잡지와 TV 광고들에 맞서는 캠페인과 움직임이 있기를 기대합니다. 우리가 그런 회사들에게 엽서를 보내는 건 어떨까요?

"당신들이 나를 악용하려고 애쓰는군요. 나는 절대로 당신들의 제품을 사지 않을 거예요!"

만약 우리가 여성들의 자존감을 지원하는 제품만 사고, 제품을 팔기 위해 부정적이며, 조종하는 제품은 구매하지 않는다면, 기업의 광고들도 점차 변하기 시작할 것입니다.

우리는 대부분 '그래! 이것만 있으면 괜찮아질 거야.'라는 감정으로 물건을 구매하고 있습니다. '나는 충분하지 않아. 나는 충분하지 않아.'라는 오래된 신념에서 벗어나지 못했죠.

진심으로 정확하게 강조하고 싶은 것은 '당신은 있는 모습 그대로 충분하다.'라는 것입니다!

친구들과 함께 혹은 소그룹에서 여성 잡지에 나와 있는 글과 광고를 한 번 살펴 보십시오.

그리고 당신이 보는 것에 어떤 잠재의식이 심겨 있는지 한 번 깨달으십시오.

여성들의 눈이 열려야 합니다. 귀를 여십시오!

미디어 광고에서 정말로 보이는 것은 무엇입니까? 정말로 말하고자 하는 것은 무엇입니까?

광고가 어떻게 우리를 조종하려고 합니까?

반드시 이 문제를 생각해 보십시오!

Chapter 3

긍정적인 생각과 신념을 선택하기

여러분도 알다시피, 우리가 생각하고, 말하고, 믿는 것에는 큰 힘이 있습니다. 그것은 우리의 인생과 경험을 형성하기 때문입니다. 우리가 말하고, 생각하는 것에 반응하여 우주는 우리에게 그것을 그대로 돌려줍니다. 그래서 인생이 마음에 들지 않는다면, 우리는 스스로 변화를 주어야 합니다. 우리가 생각하고 말하는 것에 힘이 있기 때문입니다. 나의 말과 생각하는 방식을 바꾼다면, 앞으로 경험하게 될 것도 바뀌게 될 것입니다.

당신이 어느 곳에서 태어났든, 얼마나 힘든 어린 시절을 보내왔든, 우리는 얼마든지 긍정적인 변화를 만들어 낼 수 있습니다. 이것을 믿는 한 우리는 다시 힘을 얻게 될 것이며, 삶의 많은 영역에서 해방을 얻게 될 것입니다.

가장 중요한 우선순위는 바로 우리의 '심리', '생각'을 변화시키는 것입니다. 그러면 자연스럽게 인생의 변화도 따라올 것입니다. 우리는 지금 과거를 살고 있습니다. 왜냐하면, 지금 이 순간은 과거의 생각과 믿음으로 창조한 것이기 때문입니다.

그래서 삶이 마음에 들지 않고 뭔가 잘못되고 있다면, 미래의 경험을 다시 창조할 기회 역시 우리에게 있습니다. 우리가 생각하는 것을 바꾸기 시작할 때, 많은 긍정적인 결과를 가지고 올 것입니다. 새로운 생각의 패턴을 지속함에 따라 우리의 내일은 달라집니다. 내일이 긍정적이길 원한다면, 반드시 오늘의 생각을 바꿔야 합니다.

오늘 내 생각은 내일의 경험을 창조합니다.

많은 사람이 질문합니다. "주변에 부정적인 사람들이 많은데 제가 어떻게 긍정적인 생각을 할 수 있죠?" 만약 주변에 부정적인 이야기를 하는 사람들로 둘러싸여 있다면, 저는 조용히 자신에게 속삭입니다. "너에게는 그 말이 진실일지는 몰라도, 나에게는 진실이 아니야."

때로 저는 큰소리로 상대방에게 말하기도 합니다.

이러한 상황은 내가 아무리 긍정적인 신념을 붙잡고 있어도 다른 사람이 원하는 부정적인 것을 허용하게 할 수 있습니다. 그래서 저는 부정적인 사람들을 피하려고 최선을 다해 노력합니다.

당신 스스로 질문하십시오. 왜 부정적인 사람들이 주변에 많이 있을까?

기억하십시오. 우리는 그 누구도 변화시킬 수 없습니다. 우리는 오직 나 자신만 변화시킬 수 있습니다. 만약 우리 내면이 변화한다면, 다른 사람들의 반응도 달라질 것입니다. 그래서 가장 중요한 것은 내 생각 패턴을 바꾸는 것입니다. 힘든 상황에 부닥쳐 있든, 아무리 할 일이 많든, 우리는 늘 '생각'을 하고 있으며, 누구도 자기 생각에 개입할 수 없습니다.

저는 여러분들이 '신경 펩타이드'라는 단어를 새기길 바랍니다. 이 단어는 캔티스 퍼트가 뇌 기능에 대해 연구하면서 만든 용어인데, "화학전달물질"은 우리가 생각하거나 말을 할 때 몸 전체에 영향을 미친다는 것입니다. 분노하거나 판단하거나 비난할 때, 몸의 화학 물질들은 면

역체계의 활동을 낮춥니다. 과학자들은 오랜 시간 몸과 생각이 연결되어 있다는 것을 연구로 밝혀냈습니다. 몸과 생각의 의사소통은 절대로 쉬지 않습니다. 당신의 생각들은 자동으로 당신의 몸, 세포 하나하나에 전달됩니다.

그러므로 우리는 매 순간 의식적이든 무의식적이든 건강한 생각과 건강하지 못한 생각들을 걸러내고, 선택해야 합니다. 이런 생각들은 우리 몸에 직접적인 영향을 주기 때문입니다.

하나의 생각은 그 자체로 많은 영향을 주지 않지만, 우리는 하루에 6만 개 이상의 생각을 하고 그것은 누적이 됩니다. 해로운 생각들은 우리 몸에 해를 줍니다. 과학은 증명했습니다. 이제 스스로 부정적으로 생각하는 것을 그만두어야 합니다. 그것은 우리를 아프게 하고, 우리를 스스로 죽게 만들기 때문입니다.

오랜 시간 동안 저는 "우리는 하나다. 우리는 평등하게 창조되었다."라는 말을 이해하지 못했습니다. 부자와 가난한 자가 있고, 아름다운 사람과 매력적이지 않은 사람이 있으며, 똑똑한 사람, 우매한 사람 그리고 다양한 피부색과 인종의 사람들 그리고 그들의 삶을 볼 때 도저히 말이 안 된다고 생각했습니다. 사람마다 다른 점이 수없이 많았습니다. 어떻게 모두가 평등하게 창조되었다고 할 수 있을까요?

하지만 저는 조금씩 이해가 되기 시작했습니다. 평등하게 창조되었다는 것이 무엇인지 알아가고 있습니다. 캐롤라인 미스라는 작가를 통해 새로운 이해의 차원으로 올라갈 수 있었습니다. 보다시피 우리가 생각하고 말하는 것은 우리 몸에 모두 같은 영향을 줍니다.

신경 펩타이드, 화학전달물질은 우리가 매 순간 생각하고 말하는 것에 대해 모두 같은 방법으로 우리 몸에 영향을 줍니다. 부정적인 생각은 미국인의 몸이나, 중국인 혹은 이탈리아인에게나 독소가 됩니다. 분노 역시 기독교인이든 유대인이든 회교도이든 독소가 됩니다. 남자, 여자, 동성애자, 이성애자, 아이들, 그리고 노인들도 모두 똑같이 생각 따라 신경 펩타이드가 반응하게 됩니다.

용서와 사랑은 우리 모두에게 치유를 가져다 줍니다. 어느 나라에 살든 상관없습니다. 이 지구상에 사는 모든 개인은 몸에서 먼저 영구적인 치유가 되기 이전에 영혼에서 먼저 치유가 일어나야 합니다. 우리는 용서와 사랑, 특히 스스로 사랑하는 것에 대해 배우기 위해 이 세상에 왔습니다. 어디에 있든 그 누구도 이 배움의 훈련에서 피해갈 수 없습니다.

당신은 이 사실에 대해 자신의 의로움과 과거로부터 상처받은 것을 주장하며 저항하게 되나요?

당신은 다른 사람과 자기 자신을 사랑하는 것을 배워나갈 의지가 있나요?

당신은 당신 자신을 사랑함으로써 풍성하고, 온전한 삶으로 나아갈 의지가 있나요?

인생에는 많은 교훈이 있고, 그것은 우리 모두를 평등하게 합니다.

우리는 모두 하나입니다. 우리는 모두 평등하게 창조되었습니다.

사랑만이 우리 모두를 치유합니다!

(더 깊은 영성의 단계로 나아가길 원한다면 신경 펩타이드에 대한 정보를 준 '캐롤라인 미스'의 『영혼의 해부』, 『영혼을 위한 7단계 치유의 힘』을 꼭 읽어 보기를 추천합니다.)

당신은 지금 어떤 생각을 품고 있나요? 어떤 종류의 신경 펩타이드가 여러분의 몸을 여행하고 있나요? 어떤 생각들이 지금 당신을 아프게 하거나 건강하게 하고 있나요?

너무나 많은 사람이 자신이 만든, 자신의 외로움에서 비롯된 분노와 원한의 교도소에 갇혀 있습니다. 이해하기 힘든 것은 비난을 받는 사람보다 비난하는 사람이 더욱 혼란에 빠지게 된다는 것입니다. 비난의 생각은 신경 펩타이드 작용으로 몸 전체 세포에 천천히 독을 퍼지게 합니다.

에고(ego)는 우리를 가두고, 불행하게 합니다. 에고는 항상 우리에게 말합니다.

"한 입만 더 먹자, 한 모금만 더 마시자. 한 모금만 더 흡연하자. 딱 한 번만 더…."

하지만 우리는 몸도 아니고, 생각도 아니고, 에고도 아닙니다.

우리는 몸을 소유한 자들입니다. 우리는 사고하는 능력이 있으며, 생각하는 사람들입니다.

만약 우리가 자존감이 높고, 자기 가치가 소중하다는 것을 안다면, 에고의 소리를 듣지 않았을 것입니다. 우리는 생각하는 것보다 훨씬 더 위대합니다.

저는 지금, 당신이 이 책을 들고 자리에서 일어나길 원합니다. 이 책을 들고 거울 앞에 서 보세요. 눈을 바라보고, 자기 자신에게 이렇게 이야기해 보세요.

"난 너를 사랑해.

그리고 지금부터 나는 긍정적인 생각으로 내 삶을 변화시킬 거야.

매일 매일 나는 내 삶을 더 나은 것으로 만들어 갈 거야. 이것이 나를 행복하게 하고, 나의 삶을 풍요롭게 할 것을 믿어."

중간에 호흡하면서 하루에 세 번에서 네 번 이렇게 말을 해 보세요. 이 긍정의 확언을 할 때, 어떤 생각들이 맹렬하게 떠오르시나요?

'아, 이건 싫증 나.' 혹은 '이런 내면의 속삭임의 정보를 나눠주셔서 감사해요.'인가요?

당신을 무기력하게 하는 부정적인 생각이 떠오르는 것을 알아차릴 수도 있습니다. 하지만 지금부터는 당신이 거울을 볼 때마다 당신의 두 눈을 바라보면서 뭔가 긍정적인 말을 해 주기를 바랍니다. 단지 배가 고플 때라도 "사랑해"라고 해 보세요. 이런 단순한 연습이 여러분의 삶에 큰 결과를 가져올 것입니다. 익숙하지 않더라도, 꼭 도전하세요!

해답은 우리 안에 있습니다.

우리는 우리가 생각하고 말하는 대로 경험하게 된다는 것이 바로 결정적인 이유가 됩니다. 그러므로 꿈을 이루고 내가 원하는 삶을 만들어 가기 위해서는 생각하고 말하는 패턴에 주의를 기울여야 합니다. 우리는 아쉬워하며, 이렇게 이야기할 것입니다. "아! 내가 그것을 할 수 있었는데, 가질 수 있었는데, 혹은 내가 그런 사람이 될 수 있었는데…" 하지만 우리는 그 말들을 진짜 현실을 만들 때는 활용하지 않는다는 것입니다. 대신에 이루지 못한 것은 잘 표현합니다. 우리는 부정적인 생각을 하면서 왜 내 삶에 원하는 것이 이루어지지 않았는지 궁금해하고 있습니다.

우리는 삶의 가장 큰 중심이 되는 내면의 근원과 우주와의 연결을 회복해야 합니다. 내면의 핵심(core)을 찾아서 활용해야 합니다. 우리는 모두 내면 안에 지혜, 평화, 사랑 그리고 기쁨이라는 보물을 가지고 있습니다. 그런데 우리는 단지 숨만 쉬고 있을 뿐입니다.

우리 각 사람은 무한한 평안과 기쁨, 사랑과 지혜의 우물을 가지고 있습니다. 단지 숨만 쉬고 있다는 말은 이것과 연결이 되어야 한다는 것입니다. 눈을 감고 깊이 호흡하면서 이것을 향해 말해 보십시오.

"나는 지금, 내 안의 무한한 지혜와 연결되어 있다. 내가 찾는 해답은 내 안에 있다."

모든 문제의 해답은 이미 우리 안에 있습니다. 단지 그것과 연결될 시간이 필요할 뿐입니다. 이것이 바로 명상의 중요성과 그것이 필요한 이유입니다. 명상은 내면의 지혜를 경청할 수 있도록 내면을 진정시킵니다. 내면의 지혜는 우리 인생에서 반드시 직접 연결되어야 합니다. 내면의 지혜에 따른 선물들을 따라다닐 필요가 없습니다. 우리는 단지 내면의 지혜가 창조될 수 있도록 기회를 주어야 합니다. 어떻게 하면 될까요?

시간을 내어 조용히 자리에 앉습니다. 내면으로 들어가기 위해 긴장을 풀고 편안하게 이완합니다. 산에 있는 깊은 웅덩이에 고여 있는 물처럼 마음을 고요하게 합니다. 명상에서 우리는 기쁨을 발견할 수 있습니다. 우리는 사랑의 무한한 샘물과 연결될 것입니다. 그것이 이미 우리 안에 있습니다. 이 기쁨을 누구도 빼앗아 갈 수 없습니다.

우리가 원하는 삶을 어떻게 살아갈 수 있을지 새로운 결정을 하기 위해서 우리는 내면의 깊은 곳으로 모험을 떠나야 합니다. 우리는 여성으로서 제한된 선택들 안에서 자라왔습니다. 수많은 결혼한 여성들이 그들의 선택권을 잃어서 너무나 외로운 삶을 살고 있습니다. 그들에게 주어진 권력을 빼앗겼습니다. 내면의 힘을 사용하기보다 남편의 답을 기다리고 있습니다. 제가 그래왔던 것처럼요. 우리의 삶이 변하려면 무엇을 선택해야 하는지 생각이 우선 변해야 합니다. 생각이 변하면, 외부 세계의 반응 또한 달라지기 때문입니다.

그러므로 여러분이 생각을 우선 바꾸기를 정중히 부탁드립니다. 자신이 가진 내면의 보물과 연결함으로써 적극적으로 활용하십시오. 내면의 보물들과 연결한다면, 우리 존재의 거대함으로부터 삶을 살아가게 될 것입니다. 매일매일 당신의 보물들과 연결하십시오!

내면의 지혜를 듣는 시간은 우리에게 활력을 줄 것입니다. 명상의 시간을 매일 갖지 않으면 그 누구도 지혜의 풍요로움을 경험하지 못할 것입니다. 우리가 할 수 있는 가장 가치 있는 것은 고요하게 앉는 것입니다. 내면의 지혜가 아니면 외부의 그 누구도 내 삶에 대해 무엇이 가장 좋고, 무엇을 해야 하는지 알지 못합니다. 당신의 내면의 소리를 들으십시오. 당신이 할 수 있는 가장 좋은 길로 당신을 인도할 것입니다.

창조물이라면, 누구나 내면의 공간이 있습니다. 당신 내면의 소리가 당신의 가장 친한 친구가 되게 하십시오. 대부분 사람이 같은 생각을 반복해서 합니다. 하루에 6만가지 생각을요.

그중에 대부분이 어제, 그저께, 그전에도 했던 생각들입니다. 이런 생각들은 틀에 박힌 부정적인 생각이 되거나 새로운 삶의 기초가 됩니다. 날마다 새로운 생각을 하십시오. 날마다 창조적인 생각을 하십시오. 이전 것들에 대해서도 새로운 방법을 생각해 보세요.

우리의 의식은 정원과 같습니다. 정원이 우리 집 주변에 있듯이 우리 생각에도 정원이 있습니다. 가장 중요한 것은 정원을 좋은 땅에 만드는 것입니다. 그러기 위해 모든 잡초와 크고 작은 돌들과 부스러기를 제거해야 합니다. 그리고 퇴비를 개량하여 잘 섞어야 합니다.

그 뒤에 씨앗을 심으면 식물이 빠르고 아름답게 자라날 것입니다.

이것이 바로 우리의 생각 정원과 같습니다. 우리의 확언이 빨리 자라나서 부정적인 생각들이 제거되고, 당신의 신념을 찾길 바란다면, 먼저 좋은 신념들, 멋지고 긍정적인 신념을 심어야 합니다. 그러면 당신의 삶에서 당신이 원하는 것을 얻게 될 것이고, 그 어떤 것도 막을 수 없게 될 것입니다. 그리고 생각 정원은 정말 풍요롭게 자랄 것입니다.

두려움을 극복하기

여성들은 자기 가치감과 자존감을 충분히 느끼지 못한 채 다른 사람의 필요를 채우고, 돌보는 사람으로 자라왔습니다. 우리는 버림받는 것에 대해 매우 큰 두려움을 가지고 있고 안전에 대한 결핍과 상실에 대한 두려움을 가지고 있습니다. 여성은 자기 스스로가 돌볼 수 있다는 것을 전혀 믿지 못하고 자라왔습니다. 우리는 단지 다른 사람을 돌보는 것만 배웠습니다. 그래서 이혼을 한 여성들은 너무나 두려워합니다. 어린 자녀들이 있으면 더욱 그러합니다.

'어떻게 내 인생을 혼자서 감당할 수 있을까?'

혼자서 인생을 살아갈 자신이 없어 여성들은 끔찍한 결혼과 직장에서도 헤어나오지 못합니다. 많은 여성은 자기 스스로가 이미 충분하다는 것을 믿지 못하기 때문입니다. 그들 스스로가 할 수 있으면서도 자기 자신을 돌볼 수 있다는 것을 전혀 믿지 못하고 의심합니다.

또한, 여성들은 성공에 대한 두려움을 가지고 있습니다. 스스로 번영하고, 잘 해내는 것을 믿지 못합니다. 자기 자신을 항상 두 번째 자리에 놓았기에 성공을 취하는 것이 어렵게만 느껴집니다. 그래서 많은 여성이 자신의 아버지가 성취한 것보다 더 많은 돈을 벌고 성공하는 것을 두려워합니다.

어떻게 하면, 성공하는 것에 대한 두려움과 버림받는 것에 대한 두려움을 극복할 수 있을까요?

이것은 마치 동전의 양면과 같습니다. 인생은 우리가

원하기만 하면 그 방향으로 지원하고, 이끌며, 인도해 줍니다. 만약 우리가 죄책감으로 조종되면서 자라 왔다면, '난 부족해'라는 느낌을 항상 받을 것입니다. 삶은 늘 어렵고 투쟁해야 한다는 신념으로 자라왔다면, 우리는 진정으로 쉬어가는 방법과 삶이 우리를 자연스럽게 인도한다는 것을 알지 못하게 됩니다.

신문과 뉴스를 통해 나오는 범죄들을 보면, 세상은 우리를 보호해 주지 못합니다. 사람은 모두 자기만의 의식이라는 법에 따라 살고 있습니다. 그것은 곧 믿는 것이 바로 현실이 된다는 것인데, 누군가에게 진실한 것이 다른 사람에게는 진실이 아니기 때문에 충돌이 일어납니다.

우리가 사회의 부정적인 신념 안에서 살아가야 한다면, 그런 기대가 현실이 되어 더 많은 부정적인 경험을 하게 될 것입니다.

하지만 자신의 자존감과 자신의 가치와 소중함을 깨닫고, 생각이 변하여 자신을 사랑하는 방법을 배워 간다면, 인생이라는 가게는 우리에게 온갖 좋은 것들을 주는 곳이라는 것을 깨닫게 될 것입니다. 마음을 편하게 하고, 이 사실을 받아들여 보세요.

'삶은 나를 보살펴 줄 것이며, 나는 안전하다!'

그러면 인생은 함께 흘러갈 것입니다. 그리고 당신의 삶에 동시성의 일들이 생기는 것을 알아차리게 될 것입니다. 신호등에 파란 불이 켜지거나, 주차할 곳을 찾을 때 좋은 장소가 나타나거나, 당신이 듣기 원하는 좋은 소식을 듣게 될 것입니다. "감사해요!" 우주는 감사하는 사람을 사랑합니다. 당신이 삶에 더욱 감사할수록 삶은 더 감사한 일들을 선물할 것입니다.

저는 제가 신성한 보호를 받고 있다고 믿고 있습니다. 그래서 저의 인생에는 좋은 것들이 오고 있으며, 안전합니다. 그리고 저는 모든 좋은 것들을 누릴 만큼 충분한 사람이라는 것을 알고 있습니다. 제가 이러한 것을 깨닫기까지 오랜 시간 공부해야 했습니다. 부정적인 신념에서 벗어나기까지 험난한 시간을 보내야 했습니다. 저는 상처

투성이에, 두려움, 가난과 부정적인 여성에서 인생의 풍부함을 가르치는 여성이 되었습니다. 제가 해냈다면, 여러분도 할 수 있습니다. 여러분의 생각을 변화시키십시오!

만약 우리가 각 사람에게 두 명의 수호천사가 있다는 것을 안다면, 이 천사들이 우리를 인도해 주고 도와줄 것입니다. 하지만 우리는 반드시 도움을 요청해야 합니다. 그들은 우리를 사랑하며 우리의 요청을 기다리고 있습니다. 당신의 수호천사와 연결하십시오. 그러면 다시는 외롭지 않을 것입니다. 어떤 여성은 자신의 수호천사를 볼 수 있다고 합니다. 그들을 느끼고, 목소리를 듣고, 그들의 이름을 알 수 있다고 합니다. 저는 나의 천사들을 '여러분 (Guys)'이라고 부릅니다. 그들이 한 쌍처럼 함께 있는 것을 느낄 수 있습니다. 내가 처리할 수 없는 힘든 문제를 만날 때, 저는 도움을 요청합니다. "당신들이 도와주세요. 어떻게 해야 할 지 모르겠어요." 좋은 일이 동시다발적으로 생길 때, 저는 즉시 천사들에게 이렇게 말합니다. "정말 감사해요! 이번에도 정말 좋은 일을 만들어 주셨군요! 저는 무척 기쁘게 생각합니다!" 천사들도 사랑스러운 인사로 보답합니다. 그들을 활용하세요. 수호천사들이 당신과 함께 하는 이유입니다. 수호천사들은 정말로 당신을 도와주길 원해요!

당신과 함께 하는 천사와 연결되기 위해서는 먼저, 고요히 자리에 앉습니다. 눈을 감고, 깊게 숨을 들이마시고, 당신의 양어깨에 있는 그들의 존재를 느껴보세요. 천사들의 따뜻함과 사랑을 느껴보세요. 그리고 당신에게 나타나 달라고 말해 보세요. 스스로 천사들의 보호를 허락하세요. 그리고 어떤 문제를 해결해 달라고 요청하거나 당신이 가진 질문에 답을 달라고 요청해 보세요. 그러면 바로 당신은 천사들과 연결되는 것을 느낄 수 있을 것입니다. 물론 연습하는 시간이 필요합니다.

하지만 확실하게 말씀드릴 수 있는 것은 천사들은 당신과 함께 있고, 당신을 사랑합니다. 그래서 두려워할 필요가 없습니다.

나의 신념들을 알아차리기

자, 그러면 우리가 얼마나 긍정적인 신념들에서 벗어났는지 살펴봅시다. 먼저, 부정적인 신념이 무엇인지 정의를 내려야겠죠. 우리들 대부분은 자신의 신념에 대해 구체적으로 인식하고 있지는 않습니다. 일단 부정적인 신념이 무엇인지 알게 되면, 우리는 이 신념들이 지속해서 원하는 환경을 창조하는 것에 치명적이기 때문이 이에 대한 결단을 내리게 될 것입니다.

당신의 신념을 파악하기 위해 가장 좋은 방법은 바로

목록(list)을 작성하는 것입니다.

적당한 치수의 종이, 노트를 준비해 보세요. 그리고 맨 위에 이렇게 적으세요.

내가 믿고 있는 것 (219p 참고)

- 각 주제별로 페이지를 따로 분리해서 준비합니다. (남자, 일, 돈, 결혼, 사랑, 건강, 나이 들어감, 죽음 등…)
- 각 주제에 따라 이것이 내 인생에 의미하는 것이 무엇인지 떠오르는 문장을 써 보세요.
- 떠오르는 생각들을 하나씩 써 내려 갑니다.
- 시간이 걸릴 수 있습니다. 빠른 시간에 하려고 하지 마세요.
- 조금씩 매일 해야 할 수도 있습니다.
- 이렇게 써도 되는지, 멋져 보이지 않아도 됩니다. 무엇이든 써 내려 갑니다.

써 내려간 신념들은 무의식적으로 당신의 삶을 이끌고 지배해온 것들입니다.

당신이 붙잡고 있는 부정적인 신념들이 무엇인지 제대로 알기 전에는 당신의 생각을 긍정적인 신념으로 바꾸기 어렵습니다. 자기 인식을 통해 당신은 자신이 꿈꾸던 인생을 살 수 있는 사람으로 자신을 변화시켜 갈 수 있습니다.

- 위의 목록을 충분히 다 작성했다면, 그것을 다 읽어 보십시오.
- 읽으면서 자신에게 도움이 되고, 힘이 되는 문장에는 별표로 표시해 보세요. 이 신념들은 더욱 강화하고 키워나가야 합니다.
- 색이 다른 펜을 골라 이번에는 부정적이고 해로운 신념들을 점검해 봅니다. 이 신념들은 당신의 가능성으로부터 주저앉게 만드는 것입니다. 지우거나 수정이 필요한 신념들입니다.
- 부정적인 신념들을 보면서 당신 자신에게 질문해 보세요. "이런 신념들이 내 인생에 계속 영향을 주게 해야 할까? 이제 이것을 지워버려도 되지 않을까?"

만약 지우고 싶다면, 이제 새로운 신념을 적으면 됩니다.

부정적 확언들을 긍정적인 선언으로 바꾸어 보세요.

예를 들어,

"남자들과의 관계는 나에게 끔찍한 재앙이다."라는 신념이라면,

"남자는 나를 사랑하고 존중해 준다."라고 수정해 보세요.

- "나는 어떤 일도 잘 마무리하지 못한다."
⇨ **"나는 자신감 있고, 성취감 있는 여성이다."**

- "좋은 직장을 찾는 것이 힘들다."
⇨ **"삶은 나에게 완벽한 직장을 찾아 준다."**

- "나는 계속 여기저기 아프다."
⇨ **"나는 강하고, 튼튼하고, 건강한 여성이다."**

사실, 위의 사례는 저의 경험에서 나온 것입니다. 여러분도 각각의 부정적인 신념을 당신을 위한 새로운 인생의 신념으로 바꿀 수 있습니다. 삶을 위해 새로운 지침을 만

들어 보세요.

그리고 매일 거울 앞에서 긍정의 문장을 소리 내어 읽어 보세요.

반드시 현실에서 빠르게 이루어질 것입니다. 거울은 당신이 확언을 마법처럼 실현하게 해 줍니다.

확언 :
삶을 위한 새로운 방향 설정하기

확언은 항상 현재형이어야 합니다. "~~ 을 가질 것이다.", "~~가 될 것이다"가 아니라 "나는 ~~을 가지고 있다" 또는 "나는 ~~ 한 사람이다"라고 말하는 것입니다.

만약 미래형으로 말한다면, 결과는 항상 닿을 수 없는 '어딘가'에 머물러 있을 것입니다.

우리는 너무 바빠서 자신을 위한 시간을 갖기 어렵습니다. 이를 위한 좋은 방법은 소그룹을 만들거나 몇몇 친구들과 함께 내면을 위한 시간을 갖는 것입니다. 일주일에 한 번 오후나 저녁 시간에 이런 시간을 따로 만들어 보세요. 신념 목록을 함께 작성하고, 확언 목록을 작성하는 것을 서로서로 도와주십시오.

그리고 이 책에 대해 서로 토론해 보는 것도 좋은 방법이 될 것입니다.

몇 주간 함께 아이디어를 나누고 협력한다면, 생각지 못한 기적을 체험하게 될 것입니다. 서로를 통해 많이 배우고 성장하기 때문입니다.

에너지를 선택하는 것은 정말로 파워풀한 일입니다. 당신에게 필요한 것은 노트북과 거울, 그리고 휴지 한 통, 그리고 사랑으로 열린 마음입니다.

소그룹의 인원이 몇 명이든지 상관없습니다. 당신은 스스로 누구인지 깨달아 갈 것이고, 당신의 삶을 더욱 발전시켜 나가게 될 것입니다.

몇 가지 질문을 더 드립니다. 진실하게 대답할 때, 새로운 인생의 방향들이 설정될 것입니다.

- 최선의 삶을 만들기 위해 나는 이 시간을 어떻게 활용할 것

인가요?

- 함께 하는 친구들에게 내가 원하는 것은 무엇인가요?

- 친구들로부터 내가 신뢰해야 할 것은 무엇인가요?

- 이 과제들을 완성하기 위해 내가 할 수 있는 것은 무엇인가요? (친구에게 모든 것을 기대하지 마세요. 부담될 수 있습니다.)

- 무엇이 나의 동기가 될까요? 내가 나에게 줄 수 있는 것은 무엇일까요?

- 아무도 나를 방해하는 사람이 없을 때, 나의 핑곗거리는 무엇일까요?

- 내 인생에 다시는 친구가 생기지 않는다면, 나는 자신을 어떻게 고립시킬까요?

- 아니면 다른 친구를 위해 희망의 불씨가 되는 인생을 만들까요? (누군가 그 방법을 알려 주세요)

- 나는 무엇을 배우려고 이곳에 왔나요? / 내가 가르쳐 줄 수 있는 것은 무엇인가요?

- 내 삶에 어떻게 적용하면 좋을까요?

이것은 삶의 철학을 다시 발견하고, 삶의 법칙을 새롭

게 만들어 가며, 개인적으로 더욱 성장하는 시간이 될 것입니다.

다음은 제가 저를 위해서 삶의 법칙들을 새롭게 발견하여 만든 확언입니다.

- 나는 항상 안전하며, 신성한 보호를 받고 있습니다.
- 내게 필요한 모든 지식이 나에게 옵니다.
- 내가 필요한 모든 것들은 가장 완벽한 시간과 공간에 나에게 옵니다.
- 인생은 기쁨과 사랑으로 가득 차 있습니다.
- 나는 사랑이 넘치며, 그 사랑을 받고 있습니다.
- 나는 활기차며 건강합니다.
- 어디를 가든지 나는 항상 잘 됩니다.
- 나는 끊임없이 변화하고, 성장하길 원합니다.
- 내 삶은 모든 것이 잘 되고 있습니다.

나는 위의 문장들을 자주 반복해서 말합니다. 하루의 시작과 끝에 반복하기도 하고요. 가끔 어떤 부분에서 잘

풀리지 않을 때는 이 문장을 여러 번 더 반복해서 말하기도 합니다. 기후 탓으로 몸이 좋지 않을 때는 "나는 활기차며 건강합니다."라는 말을 좋아질 때까지 반복합니다. 상황이 힘든 시기를 지날 때는 "나는 항상 안전하며 신성한 보호를 받고 있습니다."라는 말을 반복합니다. 이런 신념들은 단기간에 나의 상황을 극복하는 데 큰 도움이 됩니다. 지금 현재의 인생 철학을 담은 목록 리스트를 만들어 보시길 바랍니다. 물론 언제든 추가하거나 수정할 수 있습니다. 인생의 법칙을 만들어 보세요. 당신을 위해 안전한 우주를 창조해 보세요. 당신의 건강과 환경을 해롭게 하는 것은 오직 당신의 생각과 신념에서 비롯된 것입니다. 그런 생각과 신념은 반드시 바꿔야 합니다.

모두의 삶이 그러하듯이 저 역시 많은 문제와 아픔들을 가지고 있습니다. 이것이 바로 제가 그것을 다루는 방법입니다. 문제가 저를 찾아올 때 저는 즉시 이렇게 말합니다.

"모든 일이 잘 될 거야. 모든 일이 나를 위해 일어나는 가장 최선의 것이야. 이 상황을 벗어나면 반드시 더 좋은 일이 올 거야. 나는 안전해."

또는 :

"모든 일이 잘 될 거야. 이 모든 일이 나에게 가장 좋은 것이며, 우리 모두를 위한 최선의 것을 이루게 될 거야. 이 모든 경험이 우리 모두에게 가장 좋은 일임을 확신해. 우리는 모두 안전해."

나는 이 변화를 위한 문장을 멈추지 않고 20분 정도 반복해서 말합니다. 그러면 짧은 시간 동안 저의 생각들이 정리가 되고, 상황이 바뀌기 시작하는 것을 금방 알아차리게 됩니다. 또는 해답을 찾게 되거나 문제가 해결되었다는 전화를 받게 되기도 합니다. 때로 우리가 힘든 상황을 극복하고 난 후에는 원래 가지고 있던 계획보다 훨씬 상황이 좋다는 것을 발견합니다. 우리의 경험으로 해결하려고 했던 것들이 최선이 아닐 때가 있기 때문이죠.

저는 지금 이런 태도와 확언을 저의 모든 상황에 적용

하고 있습니다. 저는 저 자신과 삶에 대해 진실을 확언함으로써 모든 문제에서 벗어나게 되었습니다. 저는 '걱정하는 생각'들을 버림으로써, 우주로부터 문제의 해답을 찾게 되었습니다. 저는 이것을 출퇴근길이나, 공항, 인간관계, 건강문제나 일을 하면서, 또는 문제가 생길 때마다 반복해서 활용하고 있습니다. 이것은 인생의 계획이 바뀔 때마다 저항하지 않고, 흐름에 맡기는 훈련을 하는 것입니다. 이것이 당신의 '새로운' 문제 해결 방법이 되게 하십시오. 그러면 문제는 사라질 것입니다.

배우고 성장하는 것은 우리 영혼이 진화하는 과정입니다. 우리가 무엇인가 새로운 것을 배울 때마다 우리는 인생을 더욱 깊이 있게 이해하게 될 것입니다. 우리는 아직도 뇌의 90%를 활용하고 있지 않습니다. 저는 살아있고, 생동감이 넘칠 때가 인생에서 가장 흥분되는 순간이라고 믿고 있습니다. 그래서 저는 아침에 일어나면 지금 여기에 내가 존재하고, 모든 것을 경험할 수 있다는 것에 대해 감사의 마음이 벅차오릅니다. 또 잠들기 전에 약 5분에서 10분 동안 잠자리에 들 수 있어서 너무나 감사하다고 명상하는 시간을 보냅니다. 저는 나의 몸, 집, 애완동물들, 친구들 그리고 내가 소유한 물건들과, 오늘 하루 내가 경험한 것들에 대해 반드시 감사의 시간을 갖습니다. 그리고 마지막으로 인생에 대해 더 큰 그림으로 더 많은 것을 이해할 수 있게 해 달라고 기도합니다. 우리가 더 많은 것을 보고 안다면, 삶은 오히려 단순해질 것입니다. 저는 저의 미래가 좋으리라는 것을 믿고 있습니다.

기억하세요 : 긍정적인 말을 확언하는 것은 삶을 새로운 방식으로 받아들일 수 있도록 당신의 생각과 의식을 변화시키는 것입니다. 당신을 힘있는 여성으로 만들 수 있는 긍정의 확언을 선택하세요. 매일매일, 적어도 다음의 긍정 확언을 소리를 내 말하는 습관을 만들어 보세요!

- 나는 여성으로서의 고유한 힘을 가졌다.

- 나는 내가 얼마나 아름다운지 알고 있다.

- 나는 내가 위대한 존재라는 것을 안다.

- 나는 지혜롭고 아름답다.

- 나는 나를 있는 모습 그대로 사랑한다.

- 나는 나 자신을 사랑하고, 기뻐하기로 결정한다.

- 나는 내가 가진 여성성을 받아들인다.

- 나는 나의 삶을 책임지고 있다.

- 나는 나의 가능성을 충분히 펼칠 것이다.

- 나는 내가 원하는 사람이 될 수 있다.

- 나는 멋진 삶을 살고 있다.

- 내 삶은 사랑으로 채워져 있다.

- 내 삶에 넘치는 사랑은 나로부터 시작되었다.

- 내 삶은 내가 지배한다.

- 나는 힘있는 여성이다.

- 나는 사랑받고, 존경받는 사람이다.

- 나는 누군가에게 복종하지 않는다. 나는 자유롭다.

- 나는 삶의 새로운 방식을 배워 나갈 의지가 있다.
- 나는 두 발로 당당하게 서 있다.
- 나는 내가 가진 힘을 받아들이고, 사용한다.
- 나는 싱글이어도, 마음의 평화를 유지한다.
- 나는 어디에 있든 기뻐하고, 즐거워한다.
- 나는 나 자신을 사랑하고, 즐거워한다.
- 나는 내 삶의 여성들을 사랑하고, 그들을 돕고, 함께 인생을 즐길 것이다.
- 나는 내 삶으로 인해 충만하다.
- 나는 인생의 모든 길을 탐구할 것이다.
- 내가 여성으로 온전해지는 과정을 사랑한다.
- 나는 지금 이 순간, 나의 시간과 공간에서 생동감 있는 삶을 살고 있다.
- 나의 삶은 사랑으로 채워져 있다.
- 나는 혼자만의 시간이 주는 선물을 받아들인다.
- 나는 내가 충분히 온전하며 완전하다고 느낀다.
- 내가 필요한 것에 나 자신을 헌신한다.
- 성장하는 것은 안전한 일이다.
- 나는 안전하며, 내 인생의 모든 일이 잘된다.

치유의 명상

나는 내 안의 위대함을 보기 원합니다. 나는 모든 부정적이고, 파괴적이며, 두려운 생각들, 내가 위대한 여성으로 살 수 없게 하는 모든 생각을 분별할 것입니다. 나는 나의 온전한 두 발로 서서 나의 삶과 나 자신을 지지할 것입니다. 나는 나에게 필요한 것을 위해 나 자신을 헌신할 것입니다. 이것이 나의 성장을 위해 가장 안전한 일입니다. 나 자신으로 더 채워질수록, 더 많은 사람이 나를 사랑할 것입니다. 이 세상에서 저는 축복받은 사람입니다. 나의 미래는 밝고 아름답습니다.

그렇습니다!

기억하세요 : 당신의 생각이 조금이라도 긍정적으로 변화되었다면, 인생의 큰 문제들이 해결되기 시작할 것입니다. 당신이 삶에 정확한 질문을 할 때, 삶은 그 질문에 대답해 줄 것입니다.

변화를 위한 길은 많이 있습니다. 그것은 자신의 결점을 솔직하게 인정하는 것에서부터 시작할 수 있습니다. 나에게 어떤 문제가 있다고 생각하는 것이 아니라, 내가 할 수 있는 것에 방해가 되는 장벽을 먼저 바라보는 것입니다. 자책하는 마음 없이 장벽을 제거하고, 변화를 시작하는 것이죠.

그렇습니다. 어린 시절부터 우리는 이런 장애물에 대해 배워왔습니다. 하지만 그것은 진실이 아닙니다. 우리는 누군가의 신념 체계를 조금 받아들인 것뿐입니다. 그 생각들을 버려야 합니다. 우리는 이제 자신을 스스로 사랑하는 방법을 깨달아야 합니다. 그것을 위한 지침이 여기 있습니다.

비난을 멈추세요.

비난은 쓸모없는 행동입니다. 비난은 아무것도 긍정적으로 변화시키지 못합니다. 당신 자신을 비난하고, 자책하는 것을 멈추세요. 마음의 짐을 내려놓으세요. 다른 사람을 비난하는 것을 보면, 대부분 내가 나 스스로 받아들이지 못하는 잘못된 부분을 비난하기 때문입니다. 다른 사람을 부정적으로 생각하는 것은 내 삶에 좋은 것들을 제한하는 원인이 됩니다. 단지 인간만이 자신을 스스로 판단합니다. 삶도, 신도, 우주도 그렇게 하지 않습니다.

나는 나 자신을 사랑하고 그대로 받아들입니다.

이제는 멈추세요. 우리는 생각으로 자기 자신을 공포에 빠지게 할 때가 있습니다.

우리는 한 번에 하나의 생각만 할 수 있습니다. 정확하게 확인하는 법을 배우세요. 이 방법이 우리의 삶을 더 나아지게 할 것입니다. 만약 당신이 자신을 또 겁주려는 것을 발견하면, 즉시 이렇게 말하세요.

나는 나 자신을 겁줄 필요가 없다. 나는 삶의 신성하고 거대한 보호 아래 있다. 나는 충만한 삶을 살고 있다.

당신 자신과의 관계를 위해 노력하세요.

우리는 다른 사람과의 관계에는 노력하면서, 나 자신과의 관계에는 소홀할 때가 많이 있습니다. 우리는 가끔만 나 자신과 시간을 보냅니다. 진심으로 당신을 돌보세요. 당신을 사랑하려고 노력하세요. 당신의 마음과 영혼을 돌보시기 바랍니다.

나는…
내가 가장 사랑하는 사람이다.

당신을 존중하고 소중하게 여기세요. 당신이 자신을 스스로 사랑하는 만큼 다른 사람을 사랑하게 됩니다. 진정한 사랑은 당신이 '원하지 않는 것'보다 당신이 '원하는 것'에 더 관심을 주는 것입니다. 당신을 사랑하는 것에 더 집중하세요.

지금 이 순간 나는, 나 자신을 온전히 사랑한다.

당신의 몸을 돌보십시오.

당신의 몸은 귀중한 성전입니다. 당신이 오랫동안 풍성한 삶을 살기 원한다면, 지금부터라도 당신을 돌보십시오. 외모를 가꾸는 것도 중요하지만, 무엇보다 활력이 넘치는 것이 좋습니다. 영양 섭취와 운동이 중요합니다. 당신은 이 지구에 사는 마지막 날까지 유연하고 에너지가 넘치며, 건강하기를 원할 것입니다.

나는 건강하고, 행복하며, 온전한 사람이다.

자신을 스스로 교육하십시오.

우리는 자주 불평을 합니다. 이것을 해야 할 지, 저것을 해야 할 지, 도대체 무엇을 해야 할 지 모르겠다고 말이죠. 하지만 우리는 밝고 현명하고 무엇이든 배우기 시작할 수 있습니다. 공부할 수 있는 책과 강연, 온라인 강의가 많이 있습니다. 재정적인 상황이 어렵다면 도서관을 이용해 보세요. 스터디 그룹을 활용할 수 있습니다. 검색해서 자료를 찾아볼 수 있습니다. 저는 제가 사는 마지막 날까지 배우기에 힘쓸 것입니다.

나는 항상 배우며, 성장한다.

미래를 위한 재정을 마련하십시오.

모든 여성은 스스로 돈을 소유할 권리가 있습니다. 이것을 받아들이는 것은 상당히 의미 있는 일입니다. 이것은 우리 자존감과 직결되기 때문입니다. 우선 작은 단계에서부터 시작하십시오. 가장 중요한 것은 지속적으로 저축하는 것입니다. 여기서 이 확언을 활용하는 것이 좋습니다.

나의 수입은 지속적으로 늘어나고 있다.

나는 어디를 가든지 번영한다.

창의력을 발휘하세요.

창조적인 활동은 당신의 삶을 더욱 풍성하게 할 것입니다. 파이를 굽는 것에서부터 집안을 디자인하는 것까지 무엇이든 좋습니다. 무엇이든 자신을 표현하는 활동을 해보세요. 자녀가 어려, 아직 시간이 많지 않을 것입니다. 그럴 땐 친구에게 아이를 돌보는 것을 부탁하고, 또 반대로 그 친구의 아이를 돌봐주는 건 어떨까요? 둘 다 시간을 확보할 수 있을 것입니다. 당신은 그만한 가치가 있습니다.

나에게는 언제나 창의력을 발휘할 수 있는 시간이 있다.

당신의 삶에서 기쁨과 행복을 만드세요.

기쁨과 행복은 항상 당신에게 있습니다. 당신은 내면의 기쁨과 행복에 연결되어 있다는 것을 확신하세요. 그리고 그 기쁨으로 삶을 채워 가세요. 우리가 행복할 때, 우리는 창의적이 되고, 작은 것에 흡수되지 않고, 새로운 아이디어에 열려 있게 됩니다. 여기에 활용할 수 있는 좋은 확언이 있습니다.

나는 기쁨으로 가득찼고, '행복'을 표현합니다.

당신 스스로 정직함을 유지하세요.

자신을 존경하고, 존중하기 위해서는 정직해야 합니다. 청렴, 정직을 유지하기 위해 날마다 훈련을 하십시오. 자기 자신이라고 할지라도 지키지 못할 약속은 하지 마세요. 예를 들어 진짜로 마음먹기 전까지는 내일부터 다이어트를 하고, 운동하겠다고 약속하지 마세요. 당신도 당신 자신을 신뢰하길 원합니다.

이것은 우리가 종교 안에서 배워 온 것을 활용해도 되고, 안 해도 됩니다. 아이들이라면 선택권이 없겠지만, 성인 일 경우, 자신의 영성과 신념을 선택하십시오. 혼자 있는 시간이야말로 우리 삶에 가장 특별한 시간입니다. 내면의 자신과 연결되는 것은 정말 중요한 일입니다. 조용히 자신만의 시간을 가지세요. 그리고 내면의 인도자와 연결되시길 바랍니다.

나의 영적인 신념은
내가 할 수 있는 모든 것을 이루기 위해
나를 돕고 지지합니다.

위의 긍정 확언들과 내용을 당신의 삶과 의식에 완전히 자리 잡을 때까지 계속 반복적으로 읽고, 사용하시길 바랍니다!

Chapter 4

'관계'에 대한 이슈 :
당신 자신과의 관계는?

이미 많은 책에서 언급되어온 사람들과의 관계, 어떻게 하면 인간관계를 성공적으로 이어갈 수 있는지, 혹은 어떻게 하면 원하던 친구나 동반자를 만날 수 있는지에 대해 말하지 않을 것입니다. 당신의 삶에서 가장 중요한 관계, 즉 당신 자신과의 관계에 대해서 집중해서 이야기할 것입니다.

다음 질문은 여자들이 잘 안 하는 질문입니다.

'어떻게 하면 누군가를 의지하지 않고, 혼자서 인생을 잘 살아갈 수 있을까요?'

이런 질문은 여성들에게 공포스러운 질문일 것입니다. 우리는 그 두려움을 직시하고 돌파해야 합니다. 당신이 가지고 있는 두려움이 무엇인지 한 번 써 보시길 바랍니다.

내가 두려운 것은…

예) 혼자가 되는 것, 이혼하는 것, 가난해지는 것

1. ....

2. ....

3. ....

각각의 두려움을 살펴보면서 어떻게 해결할지 생각해 보세요. 갈등하거나 싸워 이길 필요는 없습니다. 그러면 오히려 두려움에 힘을 실어주기 때문이죠. 두려움을 자유가 흐르는 강에 하나씩 떨어뜨린다고 생각해 보세요. 두려움을 강에 던지는 순간, 바로 사라지는 것을 상상해 보세요. 그리고 각각의 두려움을 긍정의 확언으로 바꿔 보는 겁니다.

- '나는 아무도 날 사랑하지 않을까 봐 두려워.'
⇨ **'나는 나 자신을 깊이, 진정으로 사랑하는 사람이다.'**

이렇게 말하는 대로 나 자신을 사랑하지 않는다면, 우리는 외부 세계에서도 그 사랑을 찾을 수 없습니다. 당신을 진정으로 사랑하는 사람을 찾느라 지금의 시간을 허비하지 마세요. 나 자신을 인격적으로 더 사랑하는 사람이 되어 보세요. 사랑받는다는 것이 무엇인지, 당신의 몸과 마음으로 느끼게 해 주세요. 당신이 사랑받고자 하는 대로 당신을 사랑하고 존중해 보세요.

독신녀거나 이혼한 여성, 혹은 사별을 한 후에라든지, 대부분 여성은 혼자 지내야 하는 시기가 있습니다. 그렇지 않더라도 좋은 관계 속에 지내는 여성이라고 할지라도 반드시 이 질문을 마음 깊이 새겨야 합니다.

'나는 혼자서 살아갈 준비가 되어있는가?'

전적으로 다른 사람에게 의존하고, 돌봄을 받으며 살아
간다면, 우리는 내면의 자원과 연결되어 있지 않은 것입
니다. 누군가와 좋은 관계 속에서도 우리는 혼자만의 시
간이 필요합니다. 바로 나 자신이 누구인지 발견하며, 인
생의 목표는 무엇이며, 내 인생에 어떤 변화가 필요한지
생각해보는 시간 말입니다.

혼자만의 시간은 우리가 다른 사람들과 보내는 것처럼
나 자신을 충전하는 시간입니다. 특별히 가장 친한 친구
와 생각을 나누는 시간인 거죠.

오늘날, 결혼하지 않은 여성들은 자기 앞에 놓인 세계
를 온전히 누릴 수 있습니다. 자신에 대한 신념과 가능성
을 원하는 만큼 키울 수 있습니다. 여행을 다니고, 직업을
고르고, 돈을 벌고, 많은 친구를 사귀며 자존감을 높여 갑
니다. 원하는 사람과 사랑을 하고, 연인 관계를 유지할 수
있습니다. 많은 연예인이나 공인이 하는 것처럼, 남편 없

이도 아기를 가질 수 있는 사회가 되었습니다. 지금의 여성들은 자신만의 라이프 스타일을 선택하고, 만들어 갈 수 있게 되었습니다.

요즘 여성은 남자와 영원히 끝나지 않는 관계를 추구하지 않습니다. 많은 여성이 혼자 살아갈 것입니다. 한때 미국에는 약 1억 2천 2백만의 남자와 1억 2천 9백만의 여성이 있었습니다. 프랑스를 포함해서 다른 나라 역시 이렇게 남녀 인구 비율의 차이를 보입니다. 독신의 비율은 훨씬 높아질 것입니다. 저는 우리가 이 통계를 비극으로 보지 않길 바랍니다. 오히려 여성들이 변화할 수 있는 기회로 봐야 한다고 생각합니다.

변화할 필요가 없다고 생각했는데 삶이 나를 강력하게 변화의 시간으로 몰고 갈 때를 경험한 적이 있었나요? 마치 내가 어떤 직업을 그만 두려 하기 전에 그 직장에서 해고되는 것처럼.
삶은 내가 선택하지 않더라도 나를 어느 순간 '기회의 자리'에 데려다 놓습니다.

여성들은 필요한 상황이 아니면, 더욱 충만함과 강력한 힘을 위해 긍정적인 변화를 의식적으로 만들어 내지 않습니다. 하지만 이제는 다릅니다. 삶이 우리의 손에 주어졌습니다.

이미 내 안에 사랑이 있습니다.

많은 여성이 내 옆에 남자가 없는 인생에 대해 깊이 슬퍼하고 울며 안타까워합니다. 남편이 없거나 남자 친구가 없으면 나의 인생이 완성되지 않았다고 느낍니다.

하지만 '사랑을 찾는다'라고 하면 우리는 그 사랑을 갖지 못한 상태가 됩니다. 우리는 이미 내 안에 '사랑'을 가지고 있습니다. 다른 사람에게 사랑을 줄 수 없는 사람은 이 세상에 없습니다. 내가 나에게 사랑을 주기 시작한다면, 그 누구도 그 사랑을 빼앗을 수 없습니다. 이제 우리는 '다른 곳에서 사랑을 찾는 것'을 멈춰야 합니다. 사랑할 상대를 찾아다니는 것은 중독적이며, 나도 모르게 역기능적인 관계에 중독되어 있다는 것입니다.

또한 사랑할 상대를 계속 찾아다님으로써 '나는 부족하다'라는 것을 계속 느끼게 하는 것이며, 이 감정 또한 중독됩니다. 이것은 다른 중독과 마찬가지로 건강하지 못하며, 다른 방식으로 표현한다면, 이런 질문이 될 것입니다.

"대체 내가 뭐가 문제야?"

'사랑을 찾아다니는 것에 중독되었다는 것은' 그만큼 수많은 두려움에 둘러싸여 있다는 것입니다. 또한 '나는 충분하지 않아.'라고 느끼는 것과 같습니다. 그래서 많은 여성이 불합리한 관계 혹은 학대적인 관계에서도 상대와 헤어지지 못하는 원인이 되는 것입니다. 이것은 자기 자신을 사랑하는 행동이 아닙니다.

우리는 자신을 괴롭히는 아픔과 고통, 불행과 외로움을 지속해서 감당할 필요는 없습니다. 인생은 선택이기 때문입니다. 나 자신을 응원하고, 충족해 주는 '새로운 선택'들이 있다는 것을 기억하십시오. 물론 우리는 '정해진 선택'을 강요당해 왔습니다.

하지만 이제는 새로운 시대입니다. 지금 이 순간이 가장 강력한 순간이라는 것을 기억하십시오. 오늘 내가 믿고 선택한 것이 바로 내일의 미래가 되기 때문에 우리는 생각과 신념을 지속해서 변화시켜야 합니다. 나를 위해 새로운 지평선을 바라보세요. 그것은 지금 이 순간, 바로 지금 시작할 수 있습니다. 나의 인생을 하나의 '선물'로 바라보세요!

때로는 혼자 있는 것이 좋을 수 있습니다. 점점 더 많은 여성이 이혼하거나, 사별한 후에 재혼하지 않고, 혼자 자신의 인생을 책임지며 살아갑니다. 결혼은 남성의 유익을 위한 관습에서 시작되었습니다. 결혼이라는 관계에 예속됨으로써 여성은 독립성을 잃게 됩니다. 여성은 결혼한 후에 자기 자신을 부인하고, 순종하도록 배워왔기에 남성은 결혼이 자신의 삶을 후원해 줄 것이라고 믿고 있습니다. 그래서 최근에 많은 여성이 독립적인 삶을 선택하여, 자신을 잃는 것 대신에 혼자 사는 인생을 택하고 있습니다. 남자에게 순종하는 것에 더는 설득이 되지 않는 거죠.

오래된 속담에 이런 말이 있습니다. '하늘의 반은 여자가 차지한다.' 지금이야말로 이 말을 현실로 만들어 낼 때입니다. 그 방법은 어떤 사람의 힘이나 시스템, 혹은 희생자가 되어 분노나 싸움으로써 얻어지는 것이 아닙니다. 내 인생의 사람들은 나 자신을 어떻게 바라보고 믿느냐에 따라 거울처럼 반영이 되어 현실로 드러나는 것입니다. 그래서 때로는 내가 나와의 관계가 좋을 때, 거울처럼 다른 사람도 나를 사랑하고, 관심을 가진다는 것을 느낄 수 있습니다. 저는 정말로 여러분이 자기 자신과 관계를 한 단계 더 전진하기를 소원합니다. 그래서 저는 함께 일하는 여성들이 자신의 힘을 모든 긍정적인 방법으로 '받아들이고 활용' 할 수 있도록 집중해서 돕고 있습니다.

사랑은 자기 자신으로부터 시작됩니다. 우리는 자주 아버지나 남자 친구, 남편을 '답정남(답을 정해주는 남자)'으로 바라봅니다. 하지만 이제는 우리 스스로가 "답정녀(답을 정해주는 여자)가 되어야 합니다. 지금 이 순간 답정남이 없다면, 내가 답정녀인거죠. 나는 내 삶을 내가 원하는 방향으로 창조하고, 만들어갈 수 있습니다.

지금 원하는 관계가 없다고 해도, 당신을 혼자 있는 운명으로 바라보지 마세요. 당신이 상상할 수 없는 인생이 펼쳐질 기회라고 바라보며, 생각해 보세요. 제가 어린 소녀였을 때나 청년이었을 때도 지금의 나의 삶을 감히 상상하지 못했습니다.

자기 자신을 스스로 사랑하고, 삶이 당신이 원하는 곳으로 흘러가도록 하십시오. 모든 장벽은 무너질 것입니다. 우리는 원하는 만큼 높이 높이 날아갈 수 있습니다!

Chapter 5

출산율을 조율하기 위해
시스템에 뭔가를 바란다면,
우리는 노예가 될 뿐이다.
그 말은 결국,
모든 것은 우리의 손에 달려있다는 뜻이다.

– Sonja Johnson

자녀 양육 그리고 자존감

저는 자녀 양육과 부모가 되는 법에 대해 여러분께 말씀
드리고 싶은 게 있습니다. 제 인생에는 많은 아이가 있었
지만, 지금은 제 곁에 아이들이 없습니다. 이런 시간도 나
에게는 완벽한 시간이라는 것을 받아들이고, 수용하고 있
습니다. 우주는 저에게 수많은 아이들의 대모로서 풍부한
경험을 가져다 주었습니다. 하지만 자녀가 없이는 내 삶
이 충분하지 않다는 것은 거짓 신념에 불과합니다. 대부
분 여성이 자녀를 원하지만, 모두가 다 양육을 누리지는
못합니다. 사회는 여성으로서 가치를 유지하려면 반드시

아기를 가져야 한다고 요구합니다. 하지만 모든 것에는 다 이유가 있습니다. 만약 여러분에게 자녀가 없다면 인생에 있어 다른 중요한 일을 해야 할 사명이 주어진 것입니다. 아이를 간절히 원하지만, 불임 판정을 받았다면 마음의 고통이 대단히 클 것입니다. 그 슬픔은 이루 말할 수 없지요. 하지만 슬픔에 머무르지 말고, 다음 단계로 나아가기 위해 자신에게 이렇게 확언하십시오.

'내 삶에 일어나는 모든 일은 최선의 것이다. 나는 깊이, 가장 충만한 삶을 살고 있다.'

세상에는 버림받는 아이들이 많습니다. 물질로 삶을 채우는 것 대신에 아이를 돌보고, 입양하는 것도 좋은 대안이 될 수 있습니다. 우리는 다른 엄마의 엄마가 될 수도 있습니다. 힘든 엄마들을 나의 사랑의 날개 밑에 두어 그들 스스로가 날 수 있도록 도와주는 건 어떨까요? 또는 동물을 입양할 수도 있습니다. 저는 버려진 천막에서 구조한 네 마리의 강아지와 두 마리 토끼를 키우고 있습니다. 각각의 동물마다 학대로부터 구조된 이야기가 있었습니다.

저는 동물을 키우면서, 사랑의 경이로운 힘에 대해 배울 수 있었습니다. 세상을 위해 우리가 할 수 있는 일은 생각보다 많이 있습니다.

미국의 경우, 거대한 출산 산업의 발달로 인해 '정자 판매'비즈니스가 약 20억 규모로 성장하였습니다. 산부인과는 때로 그 '정자 판매'를 강요합니다. 이 분야에는 어떤 규제 사항이 없습니다. 임신이 안 된다고 해서 절망감을 주는 임신을 연습하고 싶지 않을 것입니다. 체외 수정은 사회적 유행이 되었습니다. 하지만 건강에 좋지는 않습니다. 당신의 몸이 아이를 갖고 싶다면 결국엔 잘 진행될 것입니다. 불임에는 또 다른 이유가 있습니다. 있는 그대로 자기 자신을 받아들이세요. 당신의 삶에 반드시 해야 하는 다른 일들이 있습니다. 분명히 놀랄만한 사명일 것입니다.

개인적인 신념으로 말하고 싶은 것은 불임 치료와 거리를 두라고 하고 싶습니다. 우리는 아직 검증되지 않은 실험적인 치료방법에 대해 충분히 이해하지 못하고 있습니다. 어쩌면 의사들은 태아와 여성의 몸을 가지고 계속 실험하는 단계에 있을지 모릅니다. 불임 치료는 비용이 많이 들고, 위험하다고 생각합니다. 이런 치료에 대한 두려운 기사를 읽은 적이 있습니다. 한 여성이 40번 정도 매우 비싼 불임 치료를 받았지만, 결국 임신이 되지 않았습니다. 하지만 에이즈 환자가 되었다는 것입니다!

기증자 중에 한 남자가 에이즈 환자였습니다. 한 부부는 집까지 담보 잡아 불임 치료를 받았지만, 아직도 임신에 성공하지 못했다는 기사를 읽었습니다. 불임 치료를 받는 것에 신중하시기 바랍니다. 병원에 안내된 책자만 읽지 말고, 불임 치료에 관련된 모든 자료와 기사를 충분히 읽으며 공부하길 바랍니다. 여러분이 충분한 정보를 알고 계셔야 합니다.

낙태에 관해서는 잔인하다는 신념이 있어 미국 사회에서는 쉽게 꺼낼 수 있는 주제가 아닙니다. 하지만 중국에서는 다릅니다. 인구정책으로 인해 여성은 낙태를 강요당했습니다. 미국은 낙태를 정치적인 논쟁거리로 인해 불법으로 만들었고, 중국은 필요한 것으로 만들었습니다. 낙태

반대를 외치는 단체들은 여성이 자신의 위치를 지켜야 한다고 주장합니다. 우리는 가족들을 위해 임신하고 출산해야 합니다. 하지만 우리의 생산 능력은 정치적인 쟁점에 휘둘려 왔습니다. 낙태에 관한 결정은 아무리 필요한 상황이라고 해도 모두에게 힘든 결정이기에 자포자기의 심정으로 유산을 결정한 여성들에 대해 비난할 마음은 없습니다.

멕시코 바자에 있는 한 인도 약국에는 임신이 되지 않게 도와주는 약초가 있다고 합니다. 그 허브 약초를 두 번 정도 처방 받으면, 부작용 없이 8년 동안 아기를 갖지 않게 됩니다. 저는 자연이 주는 모든 치료제를 알고 있습니다. 우리가 원하기만 한다면 그 비밀들을 알 수 있을 것입니다. 질병을 치료하는 데 있어 더 '상식적'이라는 이유로 우리는 자연 치료제가 아닌 수술과 화학약품으로 돌아서게 되었습니다.

임신이 되지 않았을 때 정신적으로 어떻게 받아들일 수 있는지에 대해 '시간'을 가져야 합니다. 이것은 우리의 생각으로 가능한 일 중에 하나입니다. 단지 방법으로 배우지 못했을 뿐입니다. 과학자들은 인간이 오직 두뇌의 10%밖에 쓰지 않고 있다고 말합니다. 언젠가 우리는 두뇌의 90%를 사용하게 될 것이며, 지금은 상상할 수 없는 무한한 능력을 갖게 될 거라고 믿습니다.

스스로 사랑할 줄 아는 아이로 키우기

혼자서 아이를 키우며 갈등하는 싱글맘이 많이 있습니다. 정말 힘든 일입니다. 이 일을 감당하고 있는 모든 여성, 한 분 한 분에게 격려의 박수를 보냅니다. 이분들이야말로 진짜 '피곤함'이 무엇인지 그 단어의 뜻을 뼈저리게 알고 있을 것입니다. 이혼율이 점점 더 높아질수록 예비 신부들에게 반드시 질문해야 합니다. '나는 혼자서 아이를 키울 자신이 있는가?'라고 말입니다. 아이를 키우는 일은 예비 신부들이 생각하고 알고 있는 것 그 이상으로 힘들고 고단한 일이기 때문입니다. 우리 사회는 일하는 여성들을 위한 맞춤 돌봄 서비스를 적극적으로 진행해야 합니다. 여성과 아이들을 위해 우리는 새로운 법을 만들어 가야 할 것입니다.

　여성들이 엄마로서, 반드시 '슈퍼우먼'이나 '완벽한 부모'가 될 필요는 없습니다. 자녀 양육에 대해 새로운 기술이나 좋은 책을 읽기 원한다면 웨인 다이어의 『아이의 행복을 위해 부모는 무엇을 해야 할까?』라는 책을 추천합니다. 만약 여러분이 사랑이 많은 부모라면, 아이들이 성장했을 때, 자녀들이 좋은 친구가 되는 기회를 얻게 될 것입니다. 자녀들은 성취감이 강하고 성공적인 사람으로 성장할 것입니다. 성취감이 있는 사람은 마음의 평안을 갖게 됩니다.

　아이들에게 가장 좋은 것은 자기 자신을 사랑하는 법을 가르치는 것입니다. 자녀들에게 항상 본을 보여줘야 하는데, 그 원리는 간단합니다. 여러분의 삶의 질을 높이면, 자녀들도 그렇게 될 것이고, 여러분의 자존감이 높아지면 당신의 가족 모두의 자존감도 높아질 것입니다.

싱글맘, 싱글대디가 되는 것에도 긍정적인 부분이 있습니다. 여성이 아들을 키울 때, 그 아들을 자신이 원하는 남성으로 키울 수 있는 기회가 되기 때문입니다. 아들을 키울 때, 여성들은 남성의 행동과 태도에 대해 많은 불평을 갖게 됩니다. 아들을 더 친절하고, 사랑스럽고, 여성을 존중하는 남성으로 키우고 싶다면, 그런 방향으로 아이를 양육해 보십시오.

남자들에게 혹은 남편에게 바라는 것은 무엇입니까? 그 사항들을 한 번 적어 보세요.

그리고 당신이 무엇을 할 수 있는지도 함께 적어 보세요.

그리고 아들을 그렇게 가르치십시오. 아들과 결혼하는 여자가 그를 사랑할 것입니다. 그리고 아들과 지속적으로 좋은 관계를 유지할 것입니다.

그리고 제발, 싱글맘이라면, 전 남편에 대해 험담을 하지 마십시오! 그것은 아이들에게 결혼은 전쟁이라고 가르치는 것에 불과합니다. 자녀들이 자라서 결혼을 하게 됐을 때 그곳은 전쟁터가 될 것입니다. 엄마는 자녀들에게 누구보다도 큰 영향력을 주는 사람입니다.

엄마들이여! 하나가 되십시오! 여성들이 함께 힘을 모을 때, 한 세대의 남성들을 우리가 말하고, 바라는 대로 키울 수 있습니다!

저는 초등학교 수업에서부터 매일 자신의 소중함과 자존감에 대해 가르쳐야 한다고 생각합니다. 어린아이들이 힘을 기르게 되면, 성인들도 힘을 갖게 될 것입니다. 가끔 학교 교사로 일하는 남성과 여성들에게 편지를 받습니다. 아이들에게 자존감을 가르쳤을 때 얼마나 놀라운 결과를 보게 되었는지에 관한 내용입니다. 그 편지들을 볼 때 저는 너무나 큰 기쁨이 차오릅니다. 대부분 한 학급 전체를 돌봐야 하는 상황이지만, 그럼에도 각각의 아이들을 향한 긍정적인 생각으로 가르치는 것이 중요합니다.

우리 딸들 역시 스스로에 대한 힘, 내면의 힘을 배우고 난 후에는 학대받거나 놀림, 당하는 상황을 절대 허용하지 않습니다. 저의 아들들은 여성을 포함해 모든 사람을 존중해야 하는 것을 배웠습니다. 어떤 남자 아기도 괴롭히기 위해 태어나지 않았습니다. 어떤 여자 아기도 희생자나 자존감이 부족한 아기로 태어나지 않았습니다. 다른 사람을 괴롭히는 것도, 자존감이 낮은 것도 모두 학습되는 행동입니다. 아이들은 폭력적인 것을 학습하고, 피해의식도 학습합니다. 우리 사회에 서로 존중하는 성인들이 많아지길 원한다면, 아이들이 자신을 스스로 존중하며 예의 바른 사람이 될 수 있게 길러 내십시오. 오직 이 방법이 양성이 서로 존중하는 사회가 되는 지름길입니다.

여러분이 부모라면, 롤모델이 되는 기회를 가진 것입니다. 당신의 자녀에게 거울을 보면서 긍정 확언을 하도록 가르치는 건 어떨까요? 아이들은 거울을 보며 이야기하는 것을 좋아합니다. 거울 앞에서 확언을 같이해 보십시오. 서로 긍정의 확언을 들어보며, 긍정적인 경험을 함께 쌓아 가십시오. 긍정 확언을 함께 하는 가족은 정말로 멋진 삶을 누리게 될 것입니다. 자녀들에게 '생각'이 얼마나 중요한 것인지 가르쳐 주십시오. 자녀들 역시 자신이 겪게 될 경험에 책임이 있다는 것을 배우게 될 것입니다. 자녀들은 함께 삶을 만들어 가는 친구입니다. 변화를 일으키는 힘을 그들에게 알려 주십시오.

부모들은 감정들을 억누르는 경향이 있습니다. 모든 가정에는 말해서는 안 되는, 충분히 상의가 되지 않은 문제들이 있는데, 자녀들은 그것을 콕 집어내어 말하고, 이야기를 꺼냅니다. 끔찍한 것은 부모가 표현하지 않았던 감정을 자녀들이 그대로 표현할 때입니다. 청소년이 되면서 이런 패턴은 점점 더 거세집니다.

실제로 부모들은 아이들이 집안을 어지럽힌 상황보다 더 아이들을 비난할 때가 많습니다. 만약 이런 행동들을 계속한다면 어떤 감정을 아이들에게 가르치게 되는 걸까요? 만약 당신의 마음이 용서하고, 분노를 내려놓는다면, 자녀들에게도 기적적인 변화와 좋은 일이 일어나게 될 것입니다.

삶이 주는 메시지와 교훈을 놓칠 때가 있습니다. 자녀들이나 다른 사람들이 정말로 우리를 신경 쓰이게 한다면 우리는 화를 내거나 그들을 비난합니다. 하지만 그들은 자신의 연극에서 단지 정해진 역할을 하는 것이라는 것을 깨달아야 합니다. 그들은 나에게 주어진 상황에 대한 나의 신념이나 패턴을 거울처럼 비춰서 그대로 보여주는 것에 불과합니다. 그들은 나에게 어떤 기회가 주어졌다고 표현하는 것이죠. 다음에 당신에게 누군가 화를 내게 하는 상황이 온다면, 잠시 물러서서 자신에게 질문하십시오. '여기서 내가 배울 것은 뭐가 있지? 이 사건은 나의 어린 시절의 무엇을 떠올리게 하지? 내가 발견할 수 있는 패턴은 무엇일까? 나는 나 자신과 이 사건에 관련된 것을 용서할 수 있는가?'

우리의 자녀들과 친구들은 내가 다시 마주하고 싶지 않은 무의식의 사건들을 바라보게 합니다. 그럴 때면, 우리는 기쁘게 그 배움을 향해 달려가야 할 것입니다.

Chapter 6

나만의 건강을 유지하기

여성들은 자신의 건강을 위한 다양한 치유 방법의 정보들을 알고 있어야 합니다. 단순히 약품 정보만으로는 안 됩니다. TV 광고에 나오는 정보는 우리에게 진짜 필요한 정보를 주지 않기 때문입니다. 약국의 계산대에서는 증상을 가리는 일을 할 뿐 진정한 치유에 대해서는 해 줄 수 있는 것이 없습니다. 만약 지금까지 해 온 방식으로 온라인 광고나 잡지에 나온 건강법만을 따른다면, 우리 안의 진정한 힘을 찾기는 힘들 것입니다.

제약 산업들은 우리의 힘을 빼앗아 갔습니다. 고도로 발달한 약들에 우리의 힘은 타격을 받았습니다. 약들은 비싸며, 때론 건강을 파괴하기도 합니다. 이제는 스스로 몸을 관리하는 방법과 건강한 몸을 만들어 가는 방법을 배워야 합니다. 그러면 많은 시간과 비용을 절약하게 될 것입니다. 또한, 육체와 정신이 어떻게 연결되어 있는지 이해하게 될 때, 모든 질병의 문제들도 해결될 것입니다.

지역에 있는 건강 식품점은 당신이 건강을 유지할 수 있는 다양한 정보들을 제공합니다. 건강에 대해 배우는 모든 것은 삶에 힘을 더해줄 것입니다. 저는 크리스티안 노스럽의 『여성의 몸 여성의 지혜』라는 책을 적극적으로 추천합니다. 노스럽 박사는 유명한 통합 내과 의사로서 저의 멘토가 되어 주셨습니다. 저는 또한 그녀가 운영하는 '여성의 건강을 위한 지혜 네트워크'의 일원이 되는 것을 권해드립니다. 당신의 몸에서 보내는 징후들에 대해 한 달에 한 번 소책자와 함께 여성의 건강에 대한 최근 정보를 제공 받을 수 있습니다.

영양 섭취는 건강 유지에 굉장히 중요한 역할을 합니다. '내가 먹는 것이 곧 나'라고 할 수 있는데요. 음식에 대한 저의 기본적인 철학은 이렇습니다. 무언가를 먹을 때, 그것이 생명력이 있어 쑥쑥 자라나는 것이면 먹고, 자라나지 않는 것이면 먹지 않습니다. 과일, 채소, 견과류, 그리고 곡물들은 자랍니다. 트윙키(미국의 크림 케이크 빵 제품)와 코카콜라는 자라지 않습니다. 패스트푸드와 할인마트들이 미국인의 건강을 다 망쳐 놓았다고 생각합니다. 미국 마트에서 가장 많이 팔리는 제품 5가지가 무엇인지 아십니까? 바로 코카콜라, 펩시콜라, 캠벨 수프, 가공된 치즈, 그리고 맥주입니다. 이런 제품들은 음식으로서 가치가 없는 제품입니다. 설탕과 소금으로 채워져 있고, 이 나라에 전염병이 퍼지는 데 이바지하고 있는 제품입니다. 영양 섭취에 대해 공부하십시오. 당신의 건강을 위해 더는 피해갈 수 없습니다. 가공식품들은 그 제품의 포장이 멋지고 아름답다고 하더라도 건강과는 아무런 상관이 없습니다.

여성들은 오래 살게 될 것입니다. 여성이 더 살기 좋은 지구가 되기 위해서 해야 할 일이 많습니다. 우리는 더 강해지고, 유연하며, 건강해져야 합니다. 나이가 든 여성들이 허약해지고, 병에 걸리고, 무능력해지는 것을 볼 때, 부적절한 영양과 운동 부족, 그리고 부정적인 생각과 신념이 쌓여 왔다는 것을 알게 될 것입니다. 그렇게 나이 들어갈 필요가 없습니다. 여성들은 노년에 더 건강한 상태를 유지하기 위해서 몸을 돌보는 방법에 대해 적극적으로 배워야 합니다. 최근에 저는 병원에 가게 되었는데, 의사는 저에게 비슷한 나이 대에 있는 그 누구보다도 최상의 건강한 컨디션을 유지하고 있다는 이야기를 해 주셨습니다. 보통 70세부터는 아프고, 병이 들기 시작하는데 말이죠!

당신의 몸 세포들은 살아 있습니다. 그러므로 세포가 성장하고 재생산할 수 있는 음식들이 필요합니다. 신선한 음식들이 건강을 위한 중요한 요소입니다. 이미 세상에는 건강을 위해 필요한 모든 것이 제공되고 있습니다. 조금 더 간단하게 먹고, 더 건강해집시다. 우리의 몸에 무엇을 집어넣는지 더 깨어 있읍시다! 내가 하지 않으면, 누가 해

줍니까? 의식적인 삶을 통해 우리는 질병을 예방할 수 있습니다. 만약 점심을 먹고 나서 한 시간 후에 졸음이 온다면, 당신이 먹은 음식에서 알레르기 반응이 일어나는 것입니다. 당신이 먹는 음식에 대해 주의하십시오. 음식이 여러분에게 엄청난 에너지를 주는지 잘 살펴보십시오.

가능하면, 유기농 과일과 채소를 섭취하세요! 저는 앤드루 박사의 셀프 힐링이라는 월간지를 통해 배웠습니다. 슈퍼마켓에서 파는 과일과 채소에는 대부분 살충제가 남아 있습니다. 딸기, 피망, 시금치, 미국산 체리, 복숭아, 멕시코산 멜론, 셀러리, 사과, 살구, 그린빈, 칠리산 포도 그리고 오이들까지요.

낙농과 육류 산업에 대해서는 귀를 막으십시오. 그들은 당신의 건강에 신경을 쓰지 않습니다. 그들은 오직 이익에 관해서만 관심이 있습니다. 붉은 고기와 유제품을 먹는 것은 여성의 건강에 좋지 않습니다. 섭취를 조금씩 줄이는 것만으로도 월경전증후군과 폐경기 증상을 줄이는데 도움이 될 수 있습니다.

카페인과 설탕 역시 여성의 건강을 해치는 주범이라고 할 수 있습니다. 건강한 태도로 먹는 것을 배우세요. 당신의 몸이 새로운 에너지를 제공하는 것에 대해 고마워할 것입니다. 당신의 원기를 되찾으세요. 몸에 대해 공부하세요. 당신이 건강한 식사를 한다면, 다시는 다이어트가 필요하지 않을 것입니다.

건강하게 웰빙하는 삶을 위한 가장 좋은 방법은 운동입니다. 운동은 우리의 몸에 활력을 가져다주기 때문입니다. 운동하지 않으면 뼈들이 약해집니다. 그래서 뼈가 튼튼하기 위해서는 운동을 해야 합니다. 우리는 모두 오래 살기를 원합니다. 그리고 죽기 전까지 뛰고, 점프하고, 춤추고, 가볍게 움직이기를 원하고 있습니다. 어떤 운동이라도 좋습니다. 즐겁게 움직일 수 있는 운동을 찾으십시오. 당신이 하는 모든 행동은 자신을 사랑하는 것이든 미워하는 것이든 둘 중에 하나일 것입니다. 운동은 자기 자신을 사랑하는 행동입니다. 자기 자신을 사랑하는 것이 인생의 성공을 위한 '열쇠'라는 것을 잊지 마십시오.

아주 효과적인 '1분 운동'은 바로 위, 아래로 점프하는 것입니다. 이것은 아주 쉽고, 빠르게 당신의 기분을 좋게 할 것입니다. 춤을 추어도 좋습니다. 동네를 한 바퀴 뛰어도 좋고요.

집 안에 설치할 수 있는 작은 트램펄린도 좋습니다. 트램펄린은 재밌는 운동입니다. 그 위에서 점프할 때마다 당신의 림프를 깨끗이 하는 데 도움이 되며, 심장과 뼈를 튼튼하게 해줄 것입니다. 작은 트램펄린을 개발한 사람은 80세의 나이에도 운동이 나이 들수록 얼마나 중요한지 가는 곳마다 이야기하고 있습니다. 나이가 더 많이 들어 운동하기 힘들어지기 전에 미리 운동기구를 활용해 보세요.

담배를 끊는 것이야말로 건강에 최고로 좋은 선택입니다. 흡연을 하는 40만 명의 사람들이 흡연에 관련된 질병으로 매년 사망하고 있습니다. 흡연을 하고 있다면 지금 당신은 건강을 해치는 중이라고 할 수 있습니다. 난소암에서부터 폐암까지 심장질환과 골다공증은 흡연으로부터 유발된 질병입니다.

아홉 달이라는 임신 기간 동안 흡연을 고집한다면, 중독과 금연 사이에서 심각한 갈등을 겪어야 할 것입니다. 여성은 금연해야 하는 이유가 많이 있습니다. 흡연은 모공을 넓게 합니다. 입 주변에 주름을 생기게 합니다. 일찍 노화가 오게 합니다. 그리고 몸에서 재떨이 냄새가 나게 됩니다. 그러나 흡연을 멈춘다면, 몸에 유익한 엄청난 변화들이 생길 것입니다.

건강식품 코너에는 몸의 균형을 다시 찾을 수 있는 제품들이 많이 있습니다. 침술 요법, 최면, 그리고 한의학은 치유와 회복에 도움이 될 것입니다. 금연하기로 하고, 다시 회복한다면 당신의 몸이 당신을 사랑할 것입니다. 해

로운 습관을 제거하고, 자기 자신을 사랑하는 행동을 시
작해 보세요.

폐경기 : 자연스럽고 평범하게

여성에게 폐경은 자연스럽고, 일반적인 삶의 과정이지 몸에 이상이 생긴 게 아닙니다. 여성의 몸은 매월 생리를 통해 자궁벽이 허물어지고, 잉태되지 않은 아기를 위한 준비를 합니다. 그와 동시에 몸 안에 많은 독소를 배출합니다. 패스트 푸드나 미국에서 제조된 식품들은 기본적으로 20%의 설탕과 37%의 지방을 함유하고 있습니다. 우리는 계속 독소를 몸에 쌓아가고 있는 것이죠. 폐경기 때가 다가올 때, 우리 몸에 많은 독소가 쌓여 있다면, 이 과정은 우리를 매우 불안하게 만들 것입니다. 그래서 폐경기를 잘 지나려면, 기본적으로 매일의 일상에서 당신의 몸을 잘 돌봐야 합니다. 폐경기는 당신이 자신을 스스로 어떻게 느끼느냐에 따라 그리고 사춘기 이후부터 자신의 몸을 얼마나 돌보았는지에 따라 힘들어질 수도 있고, 쉽게 지나갈 수도 있습니다. 음식을 영양가 있게 섭취하지 않거나, 셀프 이미지가 약하다면, 폐경기를 지날 때, 힘든 시간을 경험하게 될 것입니다.

1900년에는 인간의 수명이 약 49세였습니다. 그 당시에는 폐경기가 아무 문제가 되지 않았습니다. 그런데 이제 당신이 폐경기를 맞이할 때는 겨우 중년에 불과할 것입니다. 최근 인간 수명은 80세이지만, 이제 곧 90세가 될 것입니다. 그러므로 폐경기는 반드시 잘 다뤄야 할 이슈인 것입니다. 몸으로 찾아오는 폐경기의 과정을 자연스럽게 받아들이고, 미리 대비하기 위해 몸을 돌보며 신체의 조화와 균형을 위해 노력하는 여성들이 점점 더 많아지고 있습니다.

베이비붐 세대의 여성들은 '폐경기 부머'의 시대를 맞이했습니다. 베이비붐 세대의 여성들은 폐경기로 접어드는 이 시기에 더 강한 관심을 보였으며, 2000년대에는 약 6000만 명의 미국 여성들이 생식 호르몬의 기준이 되는 폐경기에 접어들었습니다.

미국의 전통 인디언 여성들은 폐경기가 없습니다. 그들은 죽기 전까지 월경하며, 그 주기는 건강 수준을 점검하는 기준으로 삼습니다. 북부에 있는 바자의 여성들은 100세가 되는 나이에도 계속 월경을 합니다. 그래서 폐경기에 대해 전혀 이해하지 못합니다. 우리는 월경의 주기를 지혜로 삼는 인디언 여성들의 지식을 계속 찾고 있습니다. 과거에는 인디언 여성들이 60세까지도 아이를 출산했지만, 현대에 이르러서는 영양 부족 등의 이유로 빠른 속도로 그 숫자가 줄어들고 있습니다.

전 세계에 있는 토착 문화를 연구해 보면, 월경 주기를 더 잘 이해하고, 자연스럽게 조율할 수 있는 지혜를 얻게 됩니다. 제가 듣기론 전통적인 일본의 여성들은 폐경기에 전신이 뜨거워지는 일과성 열감을 경험하지 않는데, 그 이유가 바로 콩 제품을 많이 먹기 때문이라고 합니다.

여성을 위한 에스트로겐 치료는 저를 두렵게 합니다. 대부분 정보가 제약 회사의 판매하고자 하는 화학제품에 편향된 것이기 때문입니다. 물론 도움이 되는 여성들이 있을 것입니다. 하지만 저는 사춘기에서부터 무덤까지 의사들이 강조하는 '과장된 에스트로겐 치료'는 신뢰하지 않습니다.

갱년기 증세와 암 치료용 에스트로겐 합성물인 프레마

린이 요즘 인기를 끌고 있습니다. 프레마린은 암컷 말의 소변에서 추출한 것입니다. 어떻게 그것이 여성의 몸에 도움이 될 수 있을까요? 자연적으로 우리 몸의 모든 구조는 죽기 전까지 완벽하게 자신을 스스로 창조하며 치료하는 지혜를 가지고 있습니다. 우리가 내면의 지혜를 믿고 신뢰하듯이 몸이 스스로 치료한다는 이 지식을 믿어야 합니다. 폐경기를 지나면 몸이 아프게 되고, 퇴화가 된다고 주장하는 이야기를 듣지 말고, 몸이 스스로 치유할 수 있는 능력이 있다는 것을 신뢰하십시오.

저는 건강한 여성들은 폐경기에도 아무 증상 없이 지낼 수 있다는 연구 결과들이 많이 나오길 기대합니다. 제가 폐경기를 겪을 때 저는 단 한 번의 열감 증상을 체험했습니다. 그때 저는 동종요법(질병과 비슷한 증상을 일으키는 물질을 극소량 사용하여 병을 치료하는 방법)으로 치료받았고, 그 후로 열감 증상은 나타나지 않았습니다.

우리는 에스트로젠보다 프로게스테론의 유익에 대해 배우게 되는데 그 이유는 대부분 에스트로젠이 부족하다고 느낄 때, 실제로 프로게스테론에 결핍이 있기 때문입니다. 뼈의 조직을 형성하는 데 도움이 되는 천연 프로게스테론은 멕시코 야생 참마에서 발견된 천연 성분으로서 사람에게 분비되는 프로게스테론 호르몬과 일치합니다. 또한, 새로운 뼈를 만드는 골절 세포를 형성하는 데 도움을 줍니다. 뼈는 살아있는 조직이라는 것을 기억하십시오. 뼈의 손실은 회복될 수 있습니다.

천연 프로게스테론은 건강식품을 취급하는 곳에서 크림의 형태로 구매할 수 있는데, 크림을 피부에 넓게 발라 잘 흡수되도록 바르면, 에스트로젠 과다분비를 억제하고, 다양한 월경전증후군을 완화하는 데 도움이 되며, 부작용이 없습니다. 폐경기 원인을 해결하는 데 아주 효율적이라는 것을 참고하십시오.

저는 호르몬 대체요법을 받는 여성들에게 제안하는 것이 아닙니다. 많은 의료 기관에서 모든 여성이 폐경기에서 죽을 때까지 호르몬 대체요법이 필요하다는 진술을 하기 때문입니다. 이것은 중년 여성을 과소평가하는 것입니다. 정말로 제가 원하는 것은 우리의 몸과 정신의 균형과

조화를 위해 불필요한 약 처방과 부작용이 심한 약 처방에 대해 맞서 싸울 필요가 있다고 주장을 하는 것입니다.

삶에서 마주하는 모든 부분에는 각각 다른 준비들과 의지가 필요하다는 것을 경험합니다. 많은 사람이 건강이나 정신에 적신호가 발생할 때, 책임과 헌신의 단계가 올라갈 것입니다. 나의 몸이 소중하기에 건강에 문제가 생겼을 때, 우리는 전문적인 의료와 여러 가지 도움을 받을 것입니다. 지나치게 가부장적인 사회에서는 생식의 기능이 사라진 여성은 가치가 없다고 치부됩니다. 이것이 바로 폐경기를 맞이하는 여성들이 두려워하고, 저항하는 이유 아닌가요? 에스트로젠 치유는 이런 문제를 다루는 것이 아닙니다. 오직 우리의 마음과 생각이 이런 인식을 치유할 수 있습니다.

다시 말하지만, 폐경기는 질환이 아닙니다. 이것은 일반적이고, 자연적인 삶의 과정의 일부입니다. 하지만 폐경기를 과녁으로 한 사업의 영역은 더욱 커질 것입니다. 그리고 많은 정보가 제약 회사에서부터 흘러나오게 될 것입니다. 이제 여성들은 무엇을 선택할지 스스로 공부하고 배워야 합니다. 이 공부는 필수입니다. 샌드라 코니가 지은 『폐경기 산업 : 제약 회사는 어떻게 여성을 착취하는가?』라는 책을 꼭 읽고 친구들과 공유하시길 바랍니다. 이 책에서 말하기를 1960년대까지도 의사들은 폐경기에 관해 관심이 없었다고 합니다.

'단지 여성들은 그들의 생각대로 따라야 한다. 폐경기만큼 의학에서의 성차별을 뚜렷하게 나타내는 것은 없다…. 폐경기를 질환으로 보는 것은 바로 사회적으로 주도해 왔기 때문이다. 현대 의학은 여성으로 하여금 더 힘있게 자신의 삶을 주도하는 것이 아니라 그저 불치병 환자로 남아 있게 할 뿐이다.'

여러분이 폐경기를 지나고 있다면, 도움이 되는 약초, 허브가 많이 있습니다. 또한, 동종요법을 활용할 수도 있습니다. 에스트로젠을 대체하는 물질도 많이 있습니다. 당신의 영양사에게 말해보십시오. 그리고 기억하십시오. 오늘날 여러분은 당신의 딸들과 손녀들이 폐경기의 고통에서 벗어날 수 있도록 낡고, 부정적인 신념을 바꾸는 '개척자'라는 사실 말입니다. 임신의 과정부터 배워 나가십시오. 그런 방식으로 폐경기의 계획도 다시 세워 나가야 합니다.

매일 명상의 시간을 통해 당신의 몸 전체를 바라보며, 부분 부분에 손을 대고 '사랑'을 보내보세요. 특히 생식기 주변을 더욱 축복해 보세요. 당신을 지금까지 잘 있도록 해준 몸의 장기들에게 감사합시다. 그리고 말해 보세요. 내 몸의 건강을 유지하기 위해서라면 뭐든지 다 하겠다고!

당신의 몸과 좋은 관계를 만들어 가세요. 몸을 존중하는 것은 장기들을 강하게 할 것입니다. 당신의 자궁과 난소에게 무엇을 원하는지 물어보세요. 그리고 당신의 폐경기를 단순한 변화의 시간으로 만들어 보세요. 당신의 감정과 몸의 장기들을 안심시켜 주세요. 당신의 몸을 사랑하는 것이 건강을 유지하며, 치유하는 길입니다.

성형수술 : 합당한 이유로 수술하기

합당한 이유가 있다면 성형수술은 아무런 문제가 되지 않습니다. 하지만 정확히 말하면 성형수술은 감정적인 문제를 전혀 해결해 주지 않는다는 것입니다. 자기 혐오에서 구해주지 않을 뿐더러, 결혼을 시켜주지도 않습니다. 대부분의 성형수술은 자기 자신이 충분하지 않으며 부족하다는 생각에서 시행될 때가 많습니다. 수술로는 절대로 우리가 완벽해질 수 없습니다. 수술은 신념을 고쳐주지 않습니다. 성형수술에 관한 광고물을 볼 때마다 그 산업이 여성들의 자존감을 갉아 먹고 있음을 보게 됩니다.

저는 자기 혐오가 있는 여성들이 수술만 하면 예뻐질 거라는 그 광고를 믿고, 성형수술을 감행하는 것을 보았습니다. 자기 혐오 때문에 잘못된 수술을 선택하고, 결국 그 전보다 나쁘게 되는 것을 보았습니다.

제가 기억하는 한 예쁜 소녀는 자존감도 없었고, 자기 자신을 사랑하지 않았습니다. 그녀는 코만 달라진다면 괜찮을 거라고 생각했습니다. 그녀는 병원에 가서 잘못된 이유를 고집하며 수술해 달라고 했습니다. 지금 그녀의 코는 돼지코처럼 바뀌었습니다. 더 이상 코를 이전으로 되돌릴 수 없는 것이 더 큰 문제가 된 것입니다.

자존감을 높이기 위해 성형수술을 이용하지 마세요. 그런 일은 절대로 생기지 않을 것입니다. 물론 잠시동안은 그런 효과를 볼 수도 있을 것입니다. 그러나 곧 예전의 낮은 자존감이 올라와 자리를 차지할 것입니다. 그러면 당신은 생각할 것입니다.

'그래 눈가의 주름을 더 없애면 좋지 않을까?'

이런 식으로 계속 진행되는 것입니다. 누군가 저에게 팔꿈치 수술에 관해 이야기를 해 주었습니다. 당신의 나이가 되면 팔꿈치가 헐렁이게 되니까 팔꿈치 수술을 하셔야 해요. 저는 저 자신에게 말했습니다. "아, 이런 세상에! 뭘 어떻게 더 해야 하지? 얇고 긴 소매 옷을 입어야 하나?" 하지만 미디어 광고는 계속 여러분을 세뇌합니다. 광고에 따르면 우리는 약간의 거식증이 있는 소녀들처럼 주

름과 살이 없어야 한다고 말합니다. 이렇게 우리가 광고
로부터 자신을 비난받을 필요가 없습니다. 우리는 그들의
제품을 사는 사람들입니다. 여성들이 자존감이 올라가서
잡지에서 말하는 것에 신경을 쓰지 않는다면, 그들의 광
고는 달라지지 않을까요?

의사들에게 당신의 몸으로 실험하게 하지 마세요. 만약
우리가 몸에 부자연스러운 방법을 강요하고, 지혜가 없는
일을 한다면, 우리는 문제를 일으키고 있는 것입니다. 대
자연의 섭리를 거스르지 마세요. 얼마나 많은 여성이 유
방 주입술을 통해 고통을 받는지 보세요. 만약 당신의 가
슴이 작다면, 그걸로 기뻐하세요. 당신의 가슴에 사랑을
보내 보세요. 또 다른 여성과 비슷한 치수가 되도록 긍정
의 확언을 해보세요. 이것이 당신의 몸을 사랑하는 것이
고, 몸은 사랑받는 것을 좋아할 것입니다. 또한, 제가 믿는
것은 당신의 몸은 지금 이 순간을 살아가기 위해 가장 정
확하게 선택된 것이라는 것입니다. 당신의 있는 모습 그
대로 행복하게 지내십시오. 감사하십시오. 무엇보다 당신
의 몸을 누군가의 것으로 대체하지 마십시오. 당신이 자

신을 있는 모습 그대로 사랑하지 않는다면, 당신이 몸을 불사른다 할지라도 당신을 사랑하지 않을 것입니다.

지금 당신이 성형수술을 하기 전에 아슬아슬한 상황이라면, 수술을 왜 해야 하는지 다시 한 번 생각해 보십시오. 그리고 수술을 하기 전, 하는 동안, 그 후에도 당신의 몸에 많은 사랑을 주면서 확언해 보십시오. 이런 확언이 도움이 될 것입니다.

- 나는 나를 아름답게 만드는 수술을 기대합니다.
- 이 과정은 빠르고 쉽게 이루어지며 모든 것이 다 잘 될 것입니다.
- 의사는 나의 빠른 회복력을 보며 기뻐할 것입니다.
- 나는 수술 결과 덕분에 기쁩니다.
- 나의 모든 것이 잘되며, 나는 안전합니다.

유방암 : 그것이 의미하는 것은 무엇인가?

유방암이 있는 모든 여성에게 저는 일관된 패턴이 있다는 것을 깨닫게 되었습니다. 대부분 유방암을 앓는 여성들은 'No'라고 거절하는 것을 잘 못하는 이들이었습니다. 가슴은 자양분을 의미합니다. 유방암이 있는 분들은 자기 자신은 없고, 다른 사람을 우선 키우는 사람들입니다. 그래서 '아니오'라고 거절하는 것이 너무나 어렵습니다. 부모로부터 자랄 때 죄책감과 심리적인 조종을 당하며 양육된 경우가 많습니다. 그리고 자라나서는 주변 사람들이 요구하는 것에 자신이 감당할 수 있는 것보다 더 많이 주는 것을 기쁨으로 삼는 어른이 된 것입니다. 다른 사람을 위해서 하기 싫은 일을 하면서 괴로워합니다. 그리고 스스로 지탱할 힘이 사라질 때까지 그들은 주고 또 주는 것을 반복하는 것입니다. 'NO'라고 거절하는 것이 처음에는 힘들 수 있습니다. 사람들은 당신이 항상 'YES' 하는 것에 익숙해져 있기 때문입니다. 그래서 처음에 당신이 거절하면, 화를 낼 수도 있습니다. 앞으로는 그런 반응을 받아들이십시오.

누구라도 거절을 연습하게 되면, 화를 참아내야 한다는 것을 배우게 됩니다. 처음부터 거절하는 것이 어려울 수 있습니다. 하지만 거절하는 방법을 배우게 되면, 정말 중요한 것은 변명하지 않아도 됩니다. 거절하면 그들도 바로 이해합니다. 다른 사람이 항상 어려운 부탁을 할 때 단순하게 이렇게 말하세요. "NO", "그건 제가 할 수 없습니다.", "더는 안 되겠어요.", "여기까지만요". 라도 짧게만 말해도 'NO'라는 메시지가 충분히 전달됩니다. 거절을 듣고, 화를 내는 사람이 있을 겁니다. 그렇지만 그것에 대해 당신이 할 수 있는 일은 없습니다. 그건 그 사람이 해결해야 할 일입니다.

자기 스스로 말하면서 다짐하세요

"상대방에게 NO! 라고 하는 것은 나에게 YES라고 하는 것이다."

반복해서 자기 자신을 향해 힘있게 확언을 해 보세요. 기분이 나아질 것입니다. 상대가 여자든지 남자든지 무엇을 부탁할 때, 세 번만 거절해 보세요. 당신이 달라졌다는 걸 느낄 것입니다. 당신의 내면이 달라진 것입니다.

다른 사람을 기쁘게 하는 사람이 'NO'라고 하는 것은 처음부터 어려울 것입니다. 저도 처음에는 진땀을 흘렸습니다. 이제 내 세상이 끝났으며, 모든 걸 잃게 될 것으로 생각했습니다. 그런데 내 인생이 끝나지 않았습니다. 오히려 변화되었고, 저는 더욱 나 자신을 존중하게 되었습니다. 지금이 바로 돌파할 시점이라는 것을 깨달으십시오. 다른 사람들이 화를 내는 것은 당신이 주고 또 주지 않아서가 아닙니다. 아마 당신을 이기적인 사람이라고 할 것입니다. 상대방이 진짜 화가 나는 이유는 자신이 원하는 것을 당신이 하지 않는다는 것입니다. 그게 다입니다. 당신이 상대방에게 'NO'라고 거절하면, 당신 자신에게 'YES' 한다는 것을 반드시 기억하십오. 당신 안에 있는 내면의 분노 역시 동시에 사라진 것입니다.

일정 기간, 남편을 떠나 있기로 한 여성을 알고 있습니다. 지속하는 상황은 아니지만, 이제 그녀의 남편은 무슨 일이 잘못될 때마다 비난할 사람이 사라진 것입니다. 그것 역시 곁에 없는 아내의 잘못이 되겠죠. 그는 이제 삶을 새로운 방식으로 살아가는 방법을 배워 가야 합니다. 성인이 다 된 두 아들은 엄마를 존중합니다. 그래서 엄마가 떠나 있는 동안 두 아들은 홀로서기를 준비하고 있었습니다. 가족 전체 구성원이 변화되는 것을 보는 것은 무척 흥미로운 일입니다. 물론 변화를 위해서 거처를 옮기는 것이 쉬운 일이 아니었지만, 그녀는 해냈습니다. 그리고 그녀의 삶 전체가 변하기 시작했습니다. 누구나 자기 자신에게 스스로 진지하게 물어봐야 할 시간이 찾아올 것입니다. '나를 위한 최고의 방법은 무엇일까?' 이것은 여성들에게 새로운 질문이 될 것입니다. 앤 랜더스는 별거 혹은 이혼을 고려하는 여성이라면 스스로 이렇게 질문해야 한다고 말합니다.

'나에게 좋은 것은 떠나는 것일까? 남는 것일까?'

우리는 심장을 돌볼 필요가 있습니다.

··

여성의 4%가 유방암으로 고통당한다면, 36%의 여성이 심장질환으로 사망하고 있습니다. 문제는 유방암의 위험에 대해서는 많이 들어왔지만, 심장질환의 위험에 대해서는 잘 모른다는 것입니다. 심장질환은 죽음의 원인이 됩니다. 여성들은 특히 관상 동맥 우회술의 합병증으로 사망에 이르는 경우가 남성보다 훨씬 많다고 합니다.

그래서 여성은 심장 관리를 잘해야 합니다. 고지방식은 모두에게 좋지 않습니다. 육체적인 차원에서 볼 때 고지방식, 운동 부족, 흡연은 심장질환을 유발할 수 있습니다. 이런 것들을 우리는 개선해야 합니다. 심장은 우리를 공격하지 않습니다. 우리가 심장을 공격하는 거지요.

감정적인 차원에서 볼 때, 심장은 혈관을 뛰게 하며, 사랑과 기쁨, 그리고 부모와의 사랑과 연결되고 있음을 나타냅니다. 심장질환이 있는 여성들은 대부분 기쁨과 사랑이 사라진 해결되지 않은 가족의 문제를 안고 있는 것입니다. 이런 문제들은 사랑을 받아들이는 것을 두려워한 나머지 사랑과 기쁨이 그들의 삶에 들어오는 것을 막고 있습니다. 사랑에 대해 마음을 닫는 것은 생명의 흐름을 차단하는 상징적인 것입니다.

감정의 원인으로부터 시작된 많은 질환은 다시 '용서'의 문제로 돌아오게 됩니다. 영적인 가르침인 용서는 우리 모두에게 어려운 일입니다. 하지만 진정한 치유를 원한다면 모두에게 필요한 것이 바로 용서입니다. 우리는 모두 배신이나 상실, 학대 등을 경험했습니다. 용서하는 것은 영적으로 성숙해지는 일입니다. 그것은 이미 끝나거나 행해진 일, 돌이킬 수 없는 일들이기에 용서는 과거의 잘못된 묶임으로부터 우리를 자유롭게 해주는 것입니다. 그것은 과거에서 자유롭게 하여 지금 현재를 살게 해주는 행동입니다. 용서하지 않고, 과거에 머물러 있다면, 우리는 지금 행복하거나 건강하게, 또는 풍요와 자유로움 속에서 살지 못하는 것입니다. 만약 아주 큰 문제가 나에게 있다면, 그것은 다른 사람을 용서하고, 나 자신을 사랑하며 현재를 살 수 있는 영적인 교훈이 되는 것입니다. 또한, 이것이 바로 우리의 심장을 치유합니다.

　하루에 한 번 자리에 앉아 가슴에 손을 대십시오. 가슴에 사랑을 보내세요. 가슴에서 지금 나에게 보내는 사랑을 느껴 보세요. 태어나서 지금까지 상처를 많이 받았습니다. 심장은 내가 사는 날까지 나를 위해 계속 일할 것입니다. 심장을 바라보면서 해결되지 않은 분노나 상처가 있는지 바라보세요. 부드럽게 용서와 이해로 그 아픔을 닦아내 보세요. 더 큰 그림으로 나아가고 싶다면, 사랑을 당신의 가족에게 보내보세요. 가족 구성원 한 사람 한 사람에게 사랑을 보냅니다. 그렇게 하면 당신의 심장이 평안해질 것입니다. 당신의 심장은 사랑입니다. 당신의 혈관은 기쁨입니다. 당신의 심장은 지금 당신의 몸을 통과하며 기쁨으로 춤추길 원합니다. 당신의 모든 것이 잘 될 것입니다. 당신은 안전합니다.

Chapter 7

성에 대한 고찰

최근엔 많은 인식의 변화가 있긴 하지만, 그다지 반기지 않는 '성'에 대한 저의 생각들을 간략하게 이야기하고자 합니다. 이 부분에 있어서 우리는 많은 생각을 조정해야 할 지 모르겠습니다. 사회에는 성에 대하여 비난이 되는 신념들이 많이 있습니다. 하지만 기억하세요. 어떤 성별을 가졌든지 그것은 당신에게 완전하다는 것을요!

관계에 대해 언급할 때, 당신이 이성애자든지, 동성애 자든지 모두에게 적용되는 것입니다. 과학자들 역시 최근 발견한 것은 성별은 태어나면서 주어진 것이지 우리가 선택한 것이 아니라는 것입니다. 만약 당신이 이성애자인데, 레즈비언이 되라고 하면, 당신은 그때 기분이 어떨까요? 말도 안 되는 얘기죠. 레즈비언에게 이성애자가 되라고 부탁하는 것과 마찬가지입니다. 저는 레즈비언들을 끔찍한 방법으로 비난해 온 것에 대해 사과하고 싶습니다. 이것은 최악의 방법이었습니다. 성생활의 단순하고 자연스러운 것에 대해 나 자신과 누군가를 함부로 무시해서는 안 됩니다. 사회적인 이러한 편견들은 인생이라는 큰 그림으로 볼 때 제한적인 것입니다. 있는 그대로의 당신을 사랑하세요. 당신을 창조한 신은 실수하지 않습니다.

오늘날 많은 노년의 여성들이 과거에는 생각지도 않았던 게이의 생활을 탐구하기 시작하며, 다른 여성과 함께 친밀한 관계를 맺고 있습니다. 그 연령대가 되면 남자가 많지 않기 때문입니다. 당신에게 사랑이 기다리고 있다면, 왜 굳이 혼자만의 삶을 고집해야 할까요? 다른 여성과의 친밀함은 예전에 경험하지 못했던 깊이를 경험하게 합니다. 그들이 만나왔던 남자들보다 관계 맺는 여성은 더 많이 사랑해 주고, 돌봐 줍니다. 여성들은 함께 늙어가면서 몸의 변화를 더욱 잘 이해하고 받아들여 줍니다.

여러분이 잘 모르시겠지만, 빅토리아 시대에는 남자와 여자가 분리된 영역이 많았습니다. (비즈니스, 정치, 자녀 양육 등) 남자와 여자의 관계는 극도의 긴장감이 있었습니다. 그래서 여성은 일반적으로 다른 여성과 더 친밀한 관계를 맺었죠. 여자들의 다이어리에는 한 페이지씩 여자 친구들의 이야기가 적혀 있었고, "나는 지난밤 미스터 S의 청혼을 받아들였다."라는 얘기는 한 줄로 간단하게 적혀 있었습니다.

로맨틱한 우정은 중년 남자들에게도 일상이었습니다. 그러나 아무도 이것을 동성애라고 생각하지 않았습니다. 심지어 19세기 말까지 그 용어는 만들어지지도 않았습니다. 이 시기는 성매매가 전성을 이룬 시기였습니다. 뉴욕 시에서는 64명 중의 한 명이 성매매하였고, 미국 남부 조지아에 있는 사바나에서는 1대 39명의 비율로 성매매를 하였습니다.

제가 말하고자 하는 포인트는 이것입니다. 사랑은 어디에나 있습니다. 사랑도 세기마다 나라마다 유행이 있습니다. 지금은 우리가 생각하는 것이 정상이지만, 또 때가 되면 변하게 될 것입니다. 우리에게도 성적 취향을 선택할 수 있는 권리가 있다는 것을 알아야 합니다. 내가 이곳에 사랑하기 위해서 왔고, 내 상황에서 최선의 것을 원한다면, 내가 선택할 수 있는 것에서 먼저 자유로워야 합니다. 어떤 분은 성적인 것에 관심이 없을 것입니다. 그것도 괜찮습니다. 단지 모든 판단을 내려놓고, 우리가 깨달은 사랑을 기뻐하시길 바랍니다. 그 사랑을 주고받을 때 우리의 영혼은 성장하며, 좋은 에너지를 발현하게 될 것입니다.

Chapter 8

성적인 고통, 그리고 고백하기

여러분은 성적으로 수치를 당하거나 성추행을 당하고도 말하지 못했던 적이 몇 번이나 있습니까? 남자들이 선을 넘어올 때, 오히려 자신을 비난하진 않으셨나요?

'그래. 이건 내 잘못이야. 내가 너무 과장해서 생각했나? 요즘 이런 일은 흔한 일인데… 그렇게 나쁜 일은 아니었어.'

이 책을 읽는 여성분 중에 성희롱을 당하지 않은 분은

없을 겁니다. 혹은 원하지 않는 신체 접촉을 경험해 본 적이 있을 것입니다. 예를 들어 아무 상관 없이 만지고, 더듬거나 애무를 당하거나 하는 것 말입니다. 그렇지만 우리는 아무에게 말하지 않고, 침묵을 지킬 때가 더 많았습니다. 이제는 침묵을 깨고 우리 자신을 위해 말하고, 공개적으로 밝혀야 합니다. 만약 우리가 하지 않으면, 앞으로도 이와 같은 비상식적인 일들은 계속될 것이기 때문입니다.

최근 저는 헤이 하우스에서 일하는 한 부부를 통해서 큰 사건을 겪어야 했습니다. 이들은 영국에서 온 멋진 부부였습니다. 약 4년간 저와 저의 집, 그리고 저의 동물들을 돌봐 주는 일을 맡아 주었죠. 너무나 탁월하게 일을 시작했습니다. 그런데 시간이 지날수록 이상한 점들을 발견했습니다. 특히 남편에게 말이죠. 물론 그것은 아주 사소한 것들이어서 저는 그때마다 괜찮겠지…. 하고 그냥 무시했습니다. 그것이 저의 실수였죠. 그 남편은 점점 게을러지기 시작하더니 부인에게 두세 가지 일을 하게 했습니다. 그리고 그는 직원이라는 사실을 잃어버린 듯 집주인처럼 행세하기 시작했습니다. 그는 저에게 너무 친근하게 다가왔죠. 마치 친한 친구처럼 말입니다. 이렇게 그의 부적절한 행동들이 서서히 드러나기 시작했습니다. 지금 생각해보면 그 신호들이 있었는데, 그것을 제대로 보지 못했고, 적당한 바운더리(경계선)를 지키지 못했습니다. 뭔가 잘못됐는데… 하는 느낌들이 여러 번 있었는데 저는 그것을 존중하지 않았습니다. 오히려 그의 기분을 상하게 하지 않으려고 조심하는 지경에 이르게 되었습니다.

저의 70번째 생일 파티가 끝난 후, 기가 막힌 사건이 벌어졌다는 것을 알게 되었습니다. 그는 수많은 나의 여자 친구들을 만지고, 애무하는 행각을 벌인 것입니다. 내가 그 얘기를 들었을 때, 저는 그것이 한두 번이 아니라 오랜 시간 동안 이어진 사건이었다는 것을 뒤늦게 알게 되었습니다. 아무도 저에게 얘기해 주지 않았죠. 하지만 한 번 사건의 베일이 걷히기 시작하자 수많은 이야기가 저에게 들려왔습니다. 그는 저의 직원들을 폭행해 왔고, 심지어 성추행까지 서슴지 않고 행했다는 것입니다. 저의 개인 비서는 제가 마을 밖으로 외출했을 때, 그에게 공격을 당했다고 했습니다. 저는 소름이 끼치도록 무서웠습니다. 어떻게 이런 일들이 루이스 헤이 친구들과 직원들에게 일어났을까요! 그리고 왜 아무도 저에게 말해주지 않았을까요? 각자 다른 사연으로 당황스러워했고, 두려워했습니다. 그가 어떻게 사람들을 이용했는지 여러분도 짐작할 수 있을 것입니다. 저 역시 과거에 성추행을 당한 여러 사건을 되돌아볼 때, 저는 그 상황으로부터 정말 벗어나고 싶었지만, 얼마나 많은 협박과 경고를 당했는지 모릅니다.

그 부인의 몸에 가끔 멍 자국이 보였던 이유를 알게 되었습니다. 그때 저는 지켜줘야 할 비밀이 있다고만 생각했습니다. (우리가 얼마나 남자들에게 폭력적인 행동을 지속하도록 존중하는지를 보십시오) 모든 방면에서 두려움은 우리를 복종시킵니다. 이런 이야기들을 들으니 혹시 이것이 빙산의 일각은 아니었는지… 제 마음은 너무나 무거워졌습니다. 저의 70번째 생일에 초대된 모든 여성에게 부적절한 일들에 대해 용서를 구했습니다.

저와 아주 가까운 친구로서 여성들에게 자존감을 실어주기 위해 자기 자신을 성찰하며, 저와 항상 많은 이야기를 나눴던 친구 역시, 저에게 아무 말도 하지 않았습니다. 성추행 문제가 밝혀졌을 때, 그녀는 침묵을 지키며, 소란을 피우고 싶지 않다고 말했습니다.

어떤 경우라도, 집에서든지, 어느 때라도 일이 잘못됐다고 느꼈을 때, 이 남자의 문제를 해결해야 했습니다. 저는 그 남자와 그의 아내를 만나 정면으로 문제를 해결하기 위해 팀을 구성했습니다. 제가 그 정보를 듣지 않았다면, 그가 모든 걸 부인하는 놀라운 연기와 거짓말에 쉽게 속아 넘어갔을 것입니다. 그런데 제가 그의 말에 넘어가지 않자 갑자기 그는 악랄하고, 심술궂은 모습으로 변하는 것이었습니다. 그때 저에게는 저를 후원하는 팀뿐 아니라, 911에 전화할 수 있는 전화기를 손에 쥐고 있었습니다. 그에게 저는 내일 아침까지 이 집과 모든 소유물에서 당장 떠나라고 말했습니다. 저의 손바닥에서는 땀이 났고, 제 속은 뒤집힐 것만 같았습니다. 그러나 제 안에 있는 어떤 힘을 느낄 수 있었습니다. 화가 나 있는 195cm의 남자 앞에 서 있는 것도 쉬운 일이 아니었습니다. 그리고 그의 아내에게는 애처로운 마음이 들었습니다. 하지만 그녀는 남편의 바람기를 전면 부인할 수 있도록 도와준 조력자였습니다. 또는 그가 애지중지한 것을 비난하도록 도왔습니다. 남편이 바람을 피우거나 성추행을 할 때, 아내는 그 여자의 잘못을 퍼트리면서 오히려 잘못을 뒤집어 씌웠습니다. 그래서 그 둘은 파티에서 무고하고, 피해받은 행세를 할 수 있었습니다. 결국, 그들은 세 시간 반만에 짐을 싸서 나갔습니다.

다음 날, 제 친구가 저를 불렀습니다. 믿지 못하겠다는 듯이 그녀는 저에게 궁금한 것을 질문했습니다. "내가 상상한 것이 아닐까? 내가 실수한 것은 아닐까? 내가 공개적으로 말함으로써 그의 직업에 대한 책임을 져야 하나?" 이렇게 여성들은 침묵을 유지하며 내버려두는 경향이 있습니다. 그렇지 않나요?? 우리는 단지 '소녀들'이니까요. 뭔가를 말해야 하나요? 물론 그것은 우리의 상상일 수도 있습니다. 많은 경우에 우리는 남자들이 부인하는 것을 믿게 됩니다. 우리는 의심이 가득찬 질문들에 둘러싸이게 됩니다. 우리 정신에 반복되는 메시지들이 여성을 무기력하게 합니다. 많은 거절과 부인이 있었죠. 여성들은 공포의 대상에 의해 조종당해 왔습니다. 무서움으로 인해 여성들은 많은 사건을 정당화시켰습니다. 과거에는 이런 것들은 밖으로 말하는 것이 아니라고 여겨 왔습니다. 물론 지금도 아프가니스탄에서는 정부가 간통한 여성에게 돌팔매질합니다. 하지만 이것은 오직 여성에게만 해당하며, 남자에겐 해당하지 않습니다.

저는 우리 집에서 어떤 일이 일어났는지, 정확하게 보았습니다. 그 상황을 끝내기 위해 적절한 조치를 취했고, 저의 심리치료사에게 전화를 걸어 약속을 잡았습니다. 과거에 많은 치유를 받았지만, 내 집에서 일어난 이 사건이 혹시 나의 잠재의식에서 이런 일을 끌어들인 것은 아닌지, 알아차렸기 때문입니다. 제 내면에 있는 패턴 일부를 확실하게 발견하기 위해서라면 무엇이든 하고 싶었습니다.

심리치료사가 저에게 어린 시절 의붓아버지께 추행을 당했을 때의 분노에 관해 물어보았습니다. 저는 "화가 난건 기억이 안 나고, 무서웠던 것만 기억나요."라고 말했습니다.

그녀가 또 물었습니다. "그러면 화가 나서 다시 갚아준 것은 없었나요?" 저는 그 순간 그녀가 한 번도 어렸을 때, 추행을 당한 사실이 없다는 것을 알았습니다. (추행을 당하게 되면 갚는다는 생각을 하기 힘듭니다) 저는 매일 할 수 있는 한 가장 좋은 소녀가 될 것을 강요받으며, 폭행을 당했습니다. 그런 상황에서 제가 어떻게 그에게 나쁜 행동으로 복수하겠습니까? 화가 날 수도 없었습니다. 오직 두려움과 공포뿐이었습니다.

한 사람을 굴복시키기 위해 폭력을 행사하면, 우리는 뭔가 다른 것을 시도해 볼 희망조차 잃게 됩니다. 그렇게 어른으로 성장하면 내면의 어린 소녀는 계속 지배당하는 반응만 보이게 됩니다. 이것은 가정에서 잘 일어나는 일입니다. 존중받지 못한 어린 소녀들이 많이 퍼져 있습니다. 우리는 어린 소녀들에게 가르쳐야 합니다. 초등학교 그 이전의 아이들에게 어떤 방식으로도 추행을 당하면 항상 거리낌없이 대항해야 한다고 가르치십시오. 어느 곳에 있든지 이 지구상에 있는 여성들을 안전하게 만들어야 합니다. 어려운 상황이어도 우리는 이제 반응을 바꿔야 합니다. 어린 시절에 한 번도 시도해보지 않았지만, 제가 의 붓아버지에게 맞서 대항함으로써 우리 집에 일어난 그 사건의 남자를 해고할 수 있었습니다.

저는 이제 일터에서 조화로움을 창조하고 있습니다. 모든 사람이 헤이 하우스에서 일하는 것이 얼마나 좋은지 이야기합니다. 저에게는 행복한 직원들이 있습니다. 전 노조 조직자는 최근 들어 창고 직원들이 너무나 행복해한다고 말합니다. 저는 그동안의 신호를 알아채지 못해서 직원들이 무기력하게 학대당했던 상황을 허용했습니다. 어떤 이유든지 그것이 전체에 영향을 주어서는 안 된다고 생각합니다.

어떤 면에서는 그 사건이 축복이 되었습니다. 이제 저는 모든 여성에게 공개적으로 말할 수 있게 되었기 때문입니다. 내가 공개적으로 말하지 않으면, 어떻게 다른 여성이 목소리를 낼 수 있을까요? 우리는 남자들을 권위적인 인물로 생각하고, 우리는 자신을 스스로 피해자로 여깁니다. 그렇게 자라왔기 때문에 우리가 시도해도 이길 수 없다고 생각하는 것입니다. 여성을 깎아내리고, 무시하고, 무기력하게 만드는 수많은 교활한 방법들이 있습니다. 여성의 경계를 조용히 잠식시키고, 굴복시키는 강력한 방법에 대해 우리는 알아야 합니다. 우리는 남성의 길을 따르기 위해 변화하고, 이동할 것을 배워 왔습니다. 첫 번째로 아버지께, 그리고 남자 친구들, 상사, 그리고 남편으로부터 말이죠. 그것을 오랜 시간 당연한 것으로 여기고 살아왔습니다. 이제 우리는 호루라기를 불어서라도 도움을 청할 줄 알아야 합니다. 그것은 당황스러운 두려움이고, 침묵하게 하는 폭력입니다. 전쟁터 같은 분위기에 사는 여성들이 얼마나 많이 있습니까? 그런 환경에서 아이를 키우는 여성은 또 얼마나 많습니까? 어떻게 우리가 이런 악순환을 멈출 수 있을까요?

우리가 할 수 있는 최고의 방법은 침묵을 거절하는 것입니다. 여성들이 이것을 허용했지만, 또한 여성들이 이것을 멈출 수 있습니다. 언급하든 언급하지 않든 여성들이 허락하지 않는다면, 다시는 이런 일이 생기지 않을 것입니다. 우리는 반드시 이 상황을 멈춰야 합니다.

이제 'NO'라고 말하는 태도를 고수한다면, 우리는 'NO'라고 하는 습관을 지니게 될 것입니다. 그러면 추행 당하는 영역에서 벗어날 것입니다. 침묵하는 것은 여성과 우리 사회 전체에 해를 끼치는 것이 됩니다. 여성해방운 동이 일어난 지 약 40년이 지났지만, 아직도 성적 학대와 추행은 만연하고 있습니다. 사무실과 일터에서도 마찬가 지입니다. 여성들이 막연하게 참고 있는 부분입니다. 이제 는 여성 스스로가 추행당하는 것을 허락하지 말아야 합니 다. 진실을 말해야 합니다. 비밀을 이야기해야 합니다. 모 든 것을 공개할 때, 그런 행동들이 멈춰질 것입니다. 남자 들과 공모하지 마십시오. 그것은 스스로를 비하하는 것이 고, 여성을 비하하는 것입니다. 이제 우리가 공개하고, 대 항하고자 한다면, 어떤 종류의 추행도 용납되지 않을 것 입니다. 우리는 모두 다른 사람들이 진실을 말할 수 있도 록 기회를 주어야 합니다.

우리는 자신을 존중할 수 있는 건강한 경계를 세우는 법을 배워야 합니다. 항상 존중받고 안심할 수 있는 경계 는 무엇일까요? 첫째로, 우리는 우리의 경계가 필요하고,

신뢰할 만한 공간에 있어야 합니다. 때론 우리는 정당하지 못한 분노의 신호를 알아차리지 못합니다. 그래서 사건이 생기면, 폭력이 하나의 충격으로 다가옵니다. 학대는 권력 다툼입니다. 그것은 우리의 심리를 조종합니다. 직장에서 쫓겨날까 봐 겁이 나서 침묵합니다. 계속될지 모른다는 두려움이 있습니다. 사랑이라는 이유로 콘돔을 착용하지 않는 남자에게도 아무 말을 하지 못합니다. 우리는 당당하게 말해야 합니다. "나는 이제 나를 존중할 거야. 나를 위험에 빠뜨리지 않을 거니까 당장 콘돔을 하든지 아니면 나가!" 이렇게 말할 수 있나요? 두려움과 당혹감과 수치심으로 인해 충분히 말하지 못하는 경우가 많습니다.

우리가 침묵을 계속 지킨다면, 도살장에 끌려가는 양들과 같습니다. 말하는 것에 아직 어리둥절합니다. 우리가 시도했을 때, 그들이 어떤 반응을 보였는지 기억하실 겁니다.

비웃고, 농담하지 말라고 했을 것입니다. 마치 문제아처럼 생각하며 당신을 깎아내릴 것입니다. 이런 것들이 마치 규칙처럼 밖으로 누설하거나 나누지 못하게 했습니다.

평화를 유지해 : 말썽 피우지 마. 이것이 바로 학대를 계속 유지하게 하는 방법입니다.

여성들은 힘의 균형을 맞춰야 합니다. 폭력적이고 성적인 학대는 여성에게 가장 취약한 부분입니다. 하지만 모든 일에 취약하지 않으면서, 사무적으로는 상식적인 태도를 유지하는 방법을 배워 갑시다. 소리치는 모든 남자에게 화난 여자가 될 필요는 없습니다. 단지 우리는 철 장갑처럼 단단한 사랑과 긍휼을 유지하는 여성이 되면 됩니다.

스스로 당당하게 'NO' 할 수 있는 자존감을 세워야 합니다. 우리에게 눈을 열고, 직감을 사용해 교활한 방법으로 다가오는 것들을 감지합시다. 처음부터 이야기하십시오. 사소한 것이라도 전화해서 바로 말을 하십시오. 나쁜 행동들을 참는 것에 대해 거절하십시오. 도움을 청하십시오. 단번에 멈추십시오. 남자들은 자신이 얻을 수 있는 것을 발견하면, 조금씩 혹은 많이 요청하기 시작합니다. 사소한 것이어서 뭐라고 말하기 모호하더라도 어떤 학대적인 행동이 시작되는 순간, 멈출 수 있어야 합니다. 학대가 시작된 신호는 무엇이었나요? 당장 그 남자에게 전화하십시오. 그리고 그가 부인할 것에 대해 마음의 준비를 하십시오. 남자는 자신의 잘못을 덮을 것입니다. "내가? 난 절대 그런 짓을 하지 않았어. 내 인생에 그런 일을 한 적은 단 한 번도 없다고!" 어떤 남자들은 정말 전문적이고, 빠르고, 자연스럽게 말할 것입니다. 그런 평계를 받아들인다면, 여성은 그 남자의 공모자, 조력자가 되는 겁니다. 언제든 비밀을 지킨다면 오히려 사회를 파괴하는 데 일조하는 것입니다. 그래서 우리가 지키고 있는 비밀이 무엇인지 진정으로 살펴봐야 할 필요가 있습니다. 여성들이 계란판 위를 거닐듯 조심스럽게 행동하며 학대자들에게 친절을 베풀 때, 우리는 그들을 키우게 되는 것입니다.

지금은 우리가 스스로를 키워야 할 때입니다. 저에게 정답이 있는 건 아니지만, 저는 입이 가벼운 사람입니다. 저는 공식적인 활동을 할 때, 항상 이 문제에 관해 이야기할 것입니다. 공개적으로 말할 것! 맞서 싸울 것! 필요하다면 말썽꾸러기가 될 것! 이라고 자신을 스스로 교육할 수 있도록 여성들을 독려할 것입니다. 우리는 이 문제를 우리 세대에서 고쳐나갈 수 있습니다. 우리의 딸들을 우리가 살아온 세상으로부터 구원할 수 있습니다. 여성들이 어떻게 자기 자신을 스스로 존중해야 하는지, 교실에서 가르치기 시작해야 합니다. 폭력을 당하거나 폭력적인 상황에 놓일 때, 어떤 선택을 취해야 하는지 방법들을 개선해서 준비해야 합니다. 이것은 화재 경보 훈련을 받는 것과 같습니다. 항상 대비하고, 힘을 길러야 합니다. 자기 존중, 자기 사랑, 특별히 자기 가치를 개발해야 합니다. 그러지 않으면 우리가 존중받고, 보호받을 수 있다는 것을 믿지 못하기 때문입니다.

에너지 장벽을 올리는 방법을 배웁시다. 정신적인 힘으로 내가 보호받는다는 느낌으로 대응하십시오. 모든 상황에서 강력해지는 방법은 우리 자신을 시각화하는 것입니다. 집에서 일터에서 사회적인 모임에서 어디에서든지, 자신이 존중받지 못하고, 힘이 없는 공간을 바라보십시오. 이제는 그것을 멈추기로 맹세하십시오. 그리고 파워풀한 당신의 모습을 상상해 보세요. 그리고 각 상황에서 당신이 어떻게 행동하는지 시각화해 보세요. 힘을 얻을 수 있는 긍정 확언을 외쳐 보세요. 이것은 치유의 과정이 될 것입니다. 우리가 치유된 만큼 자동으로 딸들을 잘 가르치게 될 것입니다.

이 책을 읽고, 나 자신을 교육하면서 '그냥 내버려 두는 것'보다 더 많은 선택이 있음을 알게 되었습니다. 당신이 존중받지 못하는 상황에서 어떤 명령을 내릴지 예행연습을 해보는 시간을 가져 보세요. 잘 생각해 내고, 잘 계획된 행동을 할 때, 우리는 힘을 얻게 될 것입니다. 이것이 진정으로 우리의 자존감을 이해하고 개발시키는 생명력이 될 것입니다. 그리고 찜찜한 감정을 그대로 내버려두지 않아도 된다는 것을 깨닫게 될 것입니다.

존중받지 못할 때 'NO'라고 말함으로써 주변인들에게 나를 어떻게 대해야 하는지 가르쳐 줘야 합니다. "내 곁에 있고 싶다면 너는 나를 존중해야 해." 우리는 남자에게 말할 수 있어야 합니다. 친근하게 대하는 것이 성적인 허락이 아니라는 것을 배워야 합니다. 결혼 전에 신랑이 신부의 여자친구나 다른 여자와 잠자리를 갖는다면, 그것은 여성을 모욕하는 것입니다. 그것은 약속이라는 신뢰를 저버리는 것입니다. 남자들의 치기어린 권력욕일 뿐입니다.

여성은 바람을 피우는 것에 대해 마음이 사로잡히면 안 됩니다. 현명해지십시오. 외도는 다른 여성을 약탈하는 것입니다. 모멸하는 것입니다. 그 남자가 얼마나 돈이 많든, 얼굴이 잘생겼든 우리를 배신하는 행위입니다. 그런데도 여성들은 말합니다. "그 사람…. 너무 귀여워." 이렇게 힘을 빼는 행동들을 정당화할 수 없습니다. 다른 여성의 남자로부터 고개를 돌리십시오. 한눈을 팔지 마십시오. 남자들이 우리의 존경심을 뺏어가도 우리는 감탄으로 보상합니다. 우리를 깎아내리는 사람이 아닌, 좋은 성격과 성품을 가진 남자에게 존경심을 보내십시오. 우리에게 자녀가 있다면, 남자는 신이 나서 다가오지는 않을 것입니다.

마음의 분노는 때로 엄마와의 관계에서 시작됩니다. 엄마를 싫어하는 남자와 사귀거나 결혼하지 마세요. 어느 정도 시간이 지나면 그는 당신에게 화풀이할 것입니다. 만약 그 사람이 심리 치료를 받기 원한다면, 패턴에 변화가 생길 것입니다. 그렇지 않다면, 여성을 영원히 싫어할 것입니다. 여성이 침묵을 지킨다면, 학대를 계속 허용하게 될 것입니다. 이것은 나 자신과 가족, 일터와 사회, 그리고 나라와 미래의 힘을 훼손하는 것입니다.

제니스 코번의 책을 읽어 보세요.『당신의 힘을 되찾으세요 : 일하는 여성이 감당하는 성적인 괴로움』(한국어 번역본 없음) 그리고 미라 커센바움의『뜨겁게 사랑하거나 쿨하게 떠나거나』를 읽어 보세요. 연인과의 관계에 있어 남든지 떠나든지 그 방법들을 하나씩 알려줄 것입니다. 두 가지 책 모두 자기 자신을 스스로 강화하는데 도움이 되는 방법이 될 것입니다. 정말 강력한 힘이 있는 책입니다.

물론 저는 남자들을 향하여 아주 큰 연민과 사랑, 그리고 무거운 마음을 가지고 있습니다. 학대를 눈감아 주겠다는 의미가 아닙니다. 저는 이 문제에 있어 절대로 침묵을 하지 않을 것입니다. 이것이 제가 여성들을 위해 최소한으로 할 수 있는 일이기 때문입니다!

자기 자신을 스스로 존중하는 확언들

- 나는 가치 있는 사람입니다.
- 나는 항상 존중받는 사람입니다.
- 내 안에는 힘이 있습니다.
- 나는 다른 여성들의 지지를 받습니다.
- 나는 나 자신에 대해 공개적으로 말할 수 있습니다.
- 나에게는 경계가 있습니다.
- 나의 경계는 존중받고 있습니다.
- 필요할 때 나는 변화를 일으킬 수도 있습니다.
- 나를 지원해주는 팀이 있습니다.
- 나는 청렴결백합니다.
- 나를 더 공개할수록 더 안전합니다.
- 나의 자존감은 매우 강합니다.
- 나는 다른 여성을 치유하는 여성입니다.
- 나에게는 강한 에너지를 가진 장벽이 있습니다.
- 내 인생의 남자들은 여자를 존중합니다.
- 나는 나의 힘을 되찾겠습니다.
- 나는 나 자신을 사랑하고 존중합니다.

Chapter 9

나이 들어감에 대하여:
당신의 삶의 품격으로 증명하라

젊음의 문화를 지나치게 강조하는 것은 이미 충분합니다!
이 세상에서 나이 든 여성들이 진정으로 자리를 찾고 존
중받을 수 있도록 도와야 합니다. 저는 모든 여성이 나이
가 들어갈수록 자신을 사랑하고, 자기 가치를 깨닫고, 자
신을 존중하도록 돕고 싶습니다. 젊은 세대들을 줄어들게
하자는 게 아닙니다. 가장 긍정적인 방법으로 세대가 '공
평'하게 되기를 바라는 것입니다.

　제 주변의 나이든 여성들을 보면, 그들은 너무나 두려

움이 많고, 건강하지 않으며, 가난하고, 외롭고, 내리막길을 걷는 그런 느낌 속에 살고 있습니다. 이렇게 되면 안 됩니다. 현세에서 우리는 나이 든다는 것에 대해 이런 식으로 길들여졌고, 또 그것을 받아들여 왔습니다. 우리는 모두 나이 들고, 아프고, 망령이 들고, 허약해지면서 죽습니다. 이것은 더 이상 진실이 아니라고 부정할 수 없습니다. 그렇습니다! 우리는 모두 죽습니다. 하지만 아프고, 망령 들고, 허약해지는 부분은 우리가 모두 반드시 경험할 필요가 없는 것입니다.

이제 우리는 더 두려움을 받아들여서는 안 됩니다. 이제는 나이 드는 것에 대한 모든 부정적인 것에 대해 역행해야 합니다. 저는 인생의 2막이 그 첫 시작보다 훨씬 더 멋지다는 것을 믿고 있습니다. 새로운 신념을 받아들이고 생각을 바꾼다면 말이죠. 우리는 노년의 시기를 '보석과도 같은 시간'으로 만들 수 있습니다. 만약 우리가 멋지게 나이가 든다면, 우리는 그렇게 선택할 수 있습니다. 우리는 단지 장수하는 것을 원하는 게 아닙니다. 우리보다 훨씬 앞서 나가는 세월이 더 풍성해지길 기대합니다. 앞으

로 더해지는 수명은 빈 공간입니다. 우리가 무엇을 바라
보느냐에 따라 완전히 다른 미래가 펼쳐질 것입니다.

역사적으로 사람들은 짧은 인생을 살았습니다. 처음엔
십 대 중반, 그리고 30대, 그리고 40대 세기가 바뀌고 나
서는 50대가 수명이었습니다. 1900년대의 평균수명은
47세였습니다. 지금은 평균수명이 80세가 되었습니다. 앞
으로 120세와 150세의 수명으로 발전하지 못할 이유가
뭐가 있겠습니까?

우리가 할 수 있는 일은 아니지만, 세대를 거치면서 대
부분 사람들의 수명은 늘어날 것입니다. 그리고 75세 정
도가 중년이 될 것입니다. 몇 년 전에 한 대학에서 노화에
관한 연구가 있었습니다. 그 연구 결과에 따르면, 몇 살이
되든지 당신이 중년이라고 믿는 나이에서부터 노화가 시
작된다는 것이었습니다. 알다시피, 여러분의 몸은 당신의
마음 결정에 달려 있습니다. 45세와 50세를 중년이라고
받아들이는 대신, 지금은 75세가 중년이라고 생각해 보세
요. 당신의 몸도 그렇게 받아들일 것입니다. 우리가 삶의

단계를 어떻게 보느냐에 따라 다시 정의내릴 수 있습니다.

북 캘리포니아 더함에 있는 인구 통계학 연구에 따르면, 1960년대부터 노화의 패턴이 계속되었지만, 이론상으로는 수명이 130년을 넘어섰다고 결론지었습니다. 1960년에 이르면 백 세 이상의 사람들이 3,500명에 이르고, 1995년에는 54,000명이 될 것으로 예측했습니다. 그들은 가장 빠르게 성장하는 그룹이 될 것입니다. 연구에서 발견한 것은 과거에는 살아있는 사람 중에 특별한 노화의 증거가 없었다는 것입니다. 또한, 그들은 나이가 많은 사람들을 여성스러워진다고 믿었습니다.

수많은 세대를 거쳐 오면서 우리는 나이라는 숫자에 대응해 왔습니다. 이 세상에서 나이에 따라 어떻게 느끼고 어떻게 행동해야 하는지 받아들였습니다. 인생의 다른 측면으로 볼 때, 우리는 노화가 현실이 되도록 정신적으로 받아들이고, 신뢰했습니다. 하지만 새로운 개념으로 생각해 볼 때, 우리는 노화의 과정을 긍정적이고, 활기차고, 건강한 경험으로 만들 수 있습니다.

저는 지금 70세가 되었습니다. 대단히 크고, 강하고, 건강한 소녀입니다. 여러 방면으로 저는 30, 40세보다 젊다고 느낍니다. 왜냐하면, 사회적으로 정해놓은 기준들에 관해 부담을 더 느끼지 않기 때문이죠. 원하는 것을 하는 데 있어 저는 자유롭습니다. 다른 사람이 하는 말에 신경을 쓰지 않게 되었고, 허락을 받기 위해 미리 조사할 필요도 없습니다. 그런 부담감을 내려놓자 저는 더욱 당당하게 걸었고, 더욱 기뻐하는 저 자신을 발견하게 되었습니다. 동료들 사이에서의 긴장감도 줄어들고, 덜 중요하게 되었습니다. 다른 말로 하면, 나의 삶을 우선으로 하게 되었다는 것입니다! 이것은 정말 기분 좋은 일입니다!

제가 장수하는 삶에 관해 이야기를 할 때면, 많은 여성이 이렇게 이야기합니다. "오! 저는 오랜 시간 아프고, 가난하게 살기 싫어요!" 새로운 생각과 가능성을 향해 문을 열었는데, 생각이 즉시 제한된 생각으로 향하는 게 놀랍지 않나요? 저는 우리의 남은 인생을 가난하고, 아프고, 외롭고, 병원에서의 죽음과 동일시하고 싶지 않습니다. 만약 이런 것이 우리가 주변에서 흔히 보게 되는 것이라면, 우리의 오랜 신념이 만들어 낸 것이기 때문이라는 것을 아셔야 합니다. 오늘 내가 선택한 생각과 신념이 내일을 창조한다는 것을 기억하십시오. 우리는 언제든지 우리의 신념 체계를 변화시킬 수 있습니다. 이제 더이상 노화에 대한 것은 진실이 아닙니다.

예전에 말했듯이 삶은 훈련된 경험들과 변화의 시간을 통해 흐르고 있습니다. 우리는 지금 새로운 변화 앞에 놓여 있습니다. 1946년과 1964년 사이에 태어난 베이비붐 세대들은 이 극적인 의식의 변환점 앞에 서 있는 것입니다. 50대의 사람들은 자신의 남은 삶을 이전보다 더 잘 살기 위해 노력합니다. 빌 클린턴 전 대통령도 50세가 되었지만, 젊어 보입니다. 대부분의 베이비붐 세대들은 90세까지 수명이 늘어났습니다. 그것은 마치 어른으로 두 번의 삶을 살아가는 것과 같습니다. 그리고 우리가 살아가는 데 있어 제한이 없다는 것을 깨달았습니다. 우리가 하기 나름입니다. 얼마나 빨리 새로운 아이디어를 받아들이고 적용하느냐에 달려 있습니다.

수명이 길어질수록 현재의 사회적인 구조를 완전히 쇄신하게 될 것입니다. 퇴직문제, 보험, 그리고 건강 관리. 하지만 모두 완성될 것입니다. 그렇습니다. 그것은 광대한 변화의 기간이 될 것입니다. 우리는 과거의 삶을 지속하지 않을 것이며, 삶으로 증명할 것입니다. 새로운 사고와 아이디어들, 그리고 지금 주어진 것들에 대한 새로운 방식으로 말입니다.

현재 주거의 형태는 인간의 삶의 질과 친밀감을 위해 잘 설계되었지만, 저는 또 다른 형태의 설계가 필요하다고 생각합니다. 은퇴자를 위한 콘도나 빌라에 있는 규칙들은 오히려 어르신들의 삶을 외부로부터 단절시킵니다. 아이들이나 손녀들이 있을 곳이 어디에 있습니까? 기쁨과 웃음은 어디에 있나요? 더 소통되는 삶의 공간이 필요하다고 생각합니다. 경우에 따라 다르겠지만, 두 가정이 한 집을 나눠서 쓰는 형식의 연립 주택은 어떨까요? 네 가정이 함께 살 수 있는 연립 주택도 좋을 것 같습니다. 두 가정은 위층에 살고, 아래층은 다른 두 가정에게 월세를 주어 수익을 창출하는 것도 좋은 방법이죠. 이렇게 하면 어르신들과 아이들이 함께 살 수 있게 될 것입니다. 아이들은 어르신들의 젊음을 유지하는 데 도움을 줄 것입니다. 어르신들은 삶의 의미와 지혜를 아이들에게 가르칠 수 있고요. 그렇게 하면 세대 간에 걸쳐 대가족이 함께 살게 되어 사회에도 유익이 될 것입니다.

몇 년 전부터 저의 '나이' 때문에 은퇴자를 위한 주택 공간이나 '활동적인 노년을 위한 집'이라는 곳에서 입주에 대한 메일을 많이 받았습니다. 어르신들을 영입하는 방법으로 꼭 사용하는 것은 메디컬 센터나 병원이 근처에 있다고 강조하는 것입니다.

'숙련된 간호, 치료 시설 완비', '모든 생활 서비스 지원의 혜택', '24시간 응급 의료 서비스 제공', '전문적인 약 처방 관리'라는 문구를 사용합니다.

그리고 이렇게 강조합니다. '여러분이 아플 때, 저희가 늘 곁에 있겠습니다.' 저는 이러한 문구들이 오히려 '나이 든 사람들은 아프다.'라는 것을 믿게끔 받아들이게 하는 것 같습니다.

저는 은퇴자를 위한 주거 공간에 통합적인 건강 센터가 생겼으면 좋겠습니다. 일반적인 간호와 의사의 진료 대신에 카이로프락틱이나 침술, 동종요법, 전통 한의학 치료, 약초치료, 마사지, 요가, 헬스클럽 등이 있었으면 합니다. 이렇게 하면 누구나 남은 인생을 '건강'을 위해 살면서 인생을 즐길 수 있을 것입니다. 그러면 예약이 항상 꽉 차게 되지 않을까요? 미래에는 이런 장소가 어르신들을 위한 실버공간이 되길 기대합니다.

젊은이들을 우상화하는 문화는 말하지는 않아도 주름에 대한 공포, 노화된 몸을 꺼리는 것에서 만들어진 것입니다. 우리의 얼굴과 몸에 변화가 올 때마다 우리는 자신을 무시하려고 합니다. 나에 대해 얼마나 끔찍한 선택을 하는 걸까요. 단지 생각하는 것만으로도 우리는 변화를 만들어낼 수 있습니다. 자기 자신과 몸을 있는 그대로 받아들이는 방법을 배워야 합니다. 저는 모든 사람이 이런 잘못된 생각들을 버리고 자신의 외면과 내면의 놀라운 보물을 사랑하게 되기를 바랍니다.

자신의 외모를 싫어하는 한 어린 소녀는 그 이유가 무엇인지 자료를 찾아보게 되었습니다. 그것은 잘못된 거짓말에 속고 있었기 때문이었습니다. 미디어 광고 때문에 강요되는 이 세상에서 우리는 나의 몸이 뭔가 잘못되고, 부족하다는 생각을 많이 합니다. 더 날씬하다면, 더 금발이었으면, 더 키가 컸으면 코가 더 크거나 작았으면… 찬란한 미소를 가지고 있다면 얼마나 좋을까 하고 말이죠. 그래서 젊은이들 가운데서도 현재의 미의 기준에 맞출 수 있는 사람이 별로 없습니다.

그런 기분을 나이를 먹으면서 그대로 가지고 가게 됩니다. 작가 도린 버츄가 말하기를 "우리의 내면을 외부와 비교한다."라고 말합니다. 이 말은 다른 사람이 나의 외면을 어떻게 보느냐에 따라 내면을 형성한다는 것이죠. 이런 내면화된 느낌은 옷이나 메이크업 또 다른 특별한 것으로도 치유가 되지 않습니다. 긍정 확언을 하는 것은 우리의 의식과 무의식의 생각들을 자신을 사랑하는 생각으로 바꾸어 주기 때문입니다. '나는 있는 모습 그대로 아름답다.', '나는 나의 모습 그대로 나를 사랑해.' 이런 확언들이 오래가는 변화를 가져다줄 것입니다.

　이것은 우리가 자기 자신을 사랑하며 용납하면서 잘 살아갈 수 있게 해 주는 아주 중요한 역할을 합니다. 만약 여러분의 몸 중에서 마음에 들지 않는 부분이 있다면 입을 열어 긍정 확언을 하면서 그 부분에 지속적인 사랑을 보내 주세요. 당신의 몸에 말하는 대로 사랑하게 될 것입니다. 또는 과거에 싫어했던 것에 대해 용서를 구해야 할 지도 모릅니다. 이런 연습이 별거 아닌 것처럼 보이지만, 정말 효과적입니다. 자신의 몸을 사랑하는 것은 우리 인생에 있어 정말 중요한 과정이기 때문에 나이를 먹더라도 활력이 넘치게 도와줄 것입니다.

　캐럴 한센은 그녀의 오디오 카세트 〈가볍게 생각하기〉에서 여성들에게 매일 아침 5분 동안 바디로션으로 부분마다 몸을 마사지하면서 나를 잘 지원해 줘서 고맙고 사랑한다고 말하라고 합니다. 디 팩 쵸프라 박사는 그의 저서 『사람은 왜 늙는가』라는 책에서 언급하기를 샤워하기 전에 머리부터 발까지 참기름을 발라 주라고 말합니다.

어디에 사는 누구든지 이렇게 몸을 사랑해 주면 최선의 것으로 보답할 것이라고 합니다. 몸을 사랑하는 것은 죽는 날까지 나에게 남게 되는 것입니다. 그래서 할 수 있는 한 자기 자신을 사랑하는 법을 배우십시오. 약간의 노력과 의지만 있으면 가능한 일입니다.

새로운 아이디어와 생각들은 우리 안에 있는 낡고 부정적인 생각들을 정리해 줍니다. 이것은 정기적으로 쓰레기를 치우는 것과 같습니다. 많은 어르신이 필요가 없는 물건들을 잔뜩 비축해 두는 '우울한' 삶의 모습을 가지고 있습니다. 집 주변에 더는 필요 없는 물건들이 널려 있다면 당장 치우고 정리하십시오. 그 물건이 꼭 필요한 사람이나 가진 것 없는 이웃에게 나눠 주십시오. 창고 바자회를 여십시오. 당신의 삶을 정리하다 보면 과거의 오래된 물건과 추억에서 벗어나 신선한 출발을 할 수 있을 것입니다. 삶을 새롭게 정돈하십시오.

당신의 미래는 항상 밝게 빛날 것입니다.

지난 세월이 아무런 의미가 없다고 해서 내리막길에 있는 것은 아닙니다. 저는 삶을 다른 방향으로 돌리기로 선택했습니다. 모든 것은 다 좋은 것입니다. 어떤 부분은 젊은 시절 때보다 더 좋습니다. 저의 젊은 시절은 두려움으로 가득 차 있었습니다. 지금 저의 삶은 자신감으로 가득 찼습니다.

두려움 대부분은 쓸모없다고 생각합니다. 그것은 우리가 습득하고 배워온 두려움이기 때문입니다. 습관적인 사고의 패턴이기 때문에 충분히 변화될 수 있습니다. 인생의 남은 시간 동안에 많은 여성이 부정적인 생각에 지배되어 불만이 가득한 채로 살아갑니다.

사실 남은 인생이 삶에 있어 최고로 보상받은 시간이라는 것을 여러분들이 인식하게 되기를 바랍니다. 당신이 몇 살이든지 당신의 미래는 항상 밝게 빛날 것이기 때문입니다. 당신의 남은 시간이 가장 소중한 시간이 될 것입니다. 나이가 얼마가 되었든 사회에서 강하고, 활동적이며, 활기 있는 훌륭한 어른이 될 것입니다.

조용히 앉아서 내면에 집중해 보세요. 그리고 당신이 기뻤던 순간을 생각해 보세요. 그리고 그 기쁨을 느껴 보세요. 당신이 승리했던 순간들을 떠올려 보세요. 자랑스러운 일을 해낸 순간, 사소한 것이라도 그 순간의 기쁨과 자신감을 마음껏 느껴 보세요. 자, 앞으로 10년 후, 당신은 무엇을 하고 있나요? 어떤 모습인가요? 당신이 어떻게 느껴지나요? 당신 안에 있는 기쁨이 느껴지시나요? 이제 20년 후로 가 봅시다. 뭐가 보이나요? 당신은 인생을 즐기며, 깨어 있으며, 생동감 있게 살고 있나요? 당신을 사랑하는 친구들이 주변에 있나요? 내가 행복해하는 일을 하고 있나요? 인생을 위해 무엇을 기여하고 있나요? 지금 당신의 미래를 그려보면서 시각화해 보세요. 당신이 할 수 있는 한 건강하고, 밝고, 기쁨이 넘치는 미래를 떠올려 보세요. 이것은 당신이 앞으로 살게 될 당신의 인생입니다.

너무 미루지 마세요. 더는 꿈을 꿀 수도, 목표를 세울 수도 없이 늙어버릴 수 있습니다. 꿈을 꾸며 목표를 세우는 것은 젊음을 유지하게 하며, 즐겁게 살 수 있게 합니다. 과거는 지나 보내고, 오늘 하루를 충실하게 살아가세요.

저도 40대까지는 인생에 아무런 의미를 찾지 못했습니다. 50세에 이르러서야 작은 규모의 출판사를 시작했고, 첫해에는 약 4만 6천 원 정도의 수익이 있었습니다. 55세에 컴퓨터의 세상으로 모험을 시작합니다. 컴퓨터가 무서웠거든요. 하지만 저는 수업을 하면서 그 두려움을 극복했습니다. 지금 저에게는 3대의 컴퓨터가 있습니다. 그리고 여행 다닐 때는 노트북을 꼭 가지고 다닙니다. 60세에 저는 처음으로 정원 관리를 시작했습니다. 동시에 저는 아동 미술 수업을 들었고, 페인트칠도 시도해 보았습니다. 지금 70세가 되고 보니, 저는 더욱 창조적이며, 여유롭고 풍성해졌습니다. 저는 글을 쓰고, 강의하고, 가르칩니다.

지속해서 책을 읽으며 공부합니다. 지금은 성공적으로 출판사를 운영하고 있습니다. 저는 숙련된 유기농 정원사가 되어서 제가 먹는 모든 음식을 직접 재배하고 있습니다. 저는 사람들을 사랑하고, 그들과 함께 하는 파티를 좋아합니다. 저는 사랑하는 친구들이 많이 있습니다. 여행도 많이 갑니다. 일주일에 한 번은 예술 수업에 참여합니다. 저의 인생은 정말 경험의 보물 상자가 되었습니다.

저처럼 많은 분이 어른의 자리에서 내려와 삶을 다른 방식으로 보기 시작했습니다. 당신이 갖고 있었던 사고방식대로 남은 인생을 살 필요가 없습니다. 당신과 저는 새로운 삶을 창조할 수 있습니다. 모든 규칙을 새롭게 할 수 있습니다. 만약 미래로 갈 수 있다면, 내 안에 있는 소중한 보물을 깨닫고 활용할 것입니다. 내 인생에 일어나는 모든 일은 최상의 것이며, 놀라운 기쁨, 그리고 잘못되지 않았다는 걸 확신하게 될 것입니다.

단지 노화되고, 포기하고 죽어가는 대신에, 삶에 크게 기여하는 방법을 배워 봅시다. 우리는 시간이 있고, 지식이 있으며, 사랑과 힘으로 세상을 대하는 지혜를 가지고 있습니다. 사회는 지금 해결해야 하는 부분이 많이 있습니다. 우리의 관심이 필요한 지구 환경의 이슈와 문제가 있습니다. 이 지구상에 도움을 줄 수 있도록 우리의 에너지를 어디에 써야 하는지 한 번 살펴봅시다. 우리가 이 땅에서 오래 살아가는 이유가 분명히 있습니다. 여생이 우리에게 주는 의미는 무엇일까요? 게임만 즐긴다면, 금세 지루해질 것입니다.

만약 여러분의 친척이나 친한 친구가 실버 센터에 다니신다면, 요즘 어디가 아픈지 질병에 관해 이야기하는 대신 함께 연합해서 사회의 한 부분을 어떻게 개선할 수 있을지 이야기해 보십시오. 모두를 위한 삶을 위해 당신이 할 수 있는 일은 무엇입니까? 그 기여가 크지 않더라도 의미가 있습니다. 모든 어르신이 무언가에 이바지한다면, 우리나라를 개선할 수 있을 것입니다.

사회 각 분야에 걸쳐 우리가 스스로 행동한다면, 모든 분야의 사람들에게 영향을 줄 것이며 우리가 사는 곳이 사랑과 친절이 넘치는 나라가 될 것입니다.

한 걸음 더 나아가십시오. 당신의 목소리를 높이세요. 세상에서 부딪치세요.

이것은 당신이 대대손손으로 자랑스럽게 여기며, 남아 있는 힘과 창조력을 마음껏 활용할 기회입니다.

아이들은 학교에서 항상 질문을 받습니다. "너는 나중에 크면 무엇을 하고 싶니?" 아이들의 미래는 계획하도록 배워 왔습니다. 우리도 마찬가지입니다. 여생을 계획하는 자세가 필요합니다. "나이가 들면 네가 하고 싶은 것은 무엇이니?" "저는 제가 할 수 있는 한 사회에 이바지할 수 있는 훌륭한 어른이 되고 싶습니다." 그레이 팬더스 운동 단체의 대표인 매기 큰 여사는 이렇게 말했습니다. "저는 공항에서 죽고 싶습니다. 한 손에는 서류 가방을 들고, 그날 할 일을 다 마치고 나서 말이죠."

14살이든 40세, 80세든 우리는 모두 이 지구상을 떠나기 위해 나이 들어가고 있습니다. 우리가 행동하고, 말하고 생각하는 모든 것은 다음 단계를 위해 준비하는 것입니다. 나이 드는 것을 인식하고, 죽음을 인식합시다. 우리 모두를 위한 좋은 질문은 이것입니다. '어떻게 늙고 싶어요?' 자신을 돌아보십시오. 초라하게 늙어가는 여성이 있고, 우아하게 늙어가는 여성이 있습니다. 이 두 여성 그룹의 차이는 무엇일까요? 당신은 여생을 건강하고, 행복하게, 충만한 삶을 살고자 하는 의지가 있으신가요?

다음 질문은 이것입니다. '어떻게 죽을 것인가?' 삶의 다른 영역에서는 많은 고민을 하지만, 죽음에 대해서는 두려워하는 것 말고는 고민을 하지 않습니다. 당신의 부모님께서 돌아가셨더라도, 이 세상에서의 경험은 긍정적으로 펼쳐질 수 있습니다. 당신은 죽음을 어떻게 준비하고 계신가요? 병원 침대에 누워 링거를 맞으며, 힘없이 죽어가고 싶으신가요? 혹은 당신의 때가 되었을 때, 친구들과 점심 식사 파티를 하고 난 후, 낮잠을 자러 가서는 깨어나지 않는 것은 어떨까요? 분명한 것은 제 인생의 마지막 날이라고 생각되는 날에 파티를 열 것입니다. 여러분이 지금 가지고 있는 죽음에 대한 그림이 부정적이라면, 이렇게 얼마든지 바꿀 수 있습니다. 우리는 모두 죽음을 평화롭고, 기쁜 경험으로 만들어 갈 수 있습니다.

우주 행성과 지구의 치유는 나의 내면의 에너지를 비추는 외부 세상에 대한 인식에서 비롯됩니다. 치유에 있어 가장 중요한 부분은 삶 전체에 대한 기여와 하나로 연결되어 가는 과정에 있습니다. 그러면 긍정적인 치유의 에너지가 세상에 흘러가게 됩니다. 나누고 베푸는 치유의 에너지를 모르는 채, 이 세상은 많은 에너지 정체 현상이 일어나고 있습니다. 치유는 계속되는 과정입니다. 사랑을 나누기 전에 '온전히 치유됨'을 기다린다면, 치유의 기회를 얻지 못할 것입니다.

"저는 나이가 많아서 할 수 있는 게 없어요."라고 말하는 것은 이 시대에 뒤떨어지는 이야기입니다. 많은 노년의 어른들이 불가능한 일들을 성취합니다. '너무 나이가 많아서'라는 생각은 죽기 직전, 짧은 순간에 해당하는 이야기입니다. 여생을 충만하게 살 수 있습니다.

댈러스에 62세에서 80세까지의 여성 그룹이 있습니다. 기초적인 가라테를 연습하는 그룹인데, 이들은 '목련'이라는 가라테 그룹을 만들어 여러 센터를 방문하여 가라테가 시니어 여성들에게 좋은 스포츠가 될 수 있다는 것을 시범으로 보여주는 활동을 합니다. 또한, 공격당할 일이 있을 때, 자신을 보호할 수 있는 여성들입니다.

또 주식 시장을 연구하고, 투자하는 시니어 모임들이 있는데, 그중에서 꽤 성공적인 그룹이 있습니다. 일리노이에 있는 그룹인데, 이들은 함께 책을 출판했습니다. 책 제목은 『상식 있는 여자들의 투자 가이드』로서 30만 부가 판매되었습니다.

펜실베이니아의 최근 연구에 따르면 80세에서 90세의 노년의 어른들이 체중 감량하는 운동에 참여하면, 몸을 활성화하는 데 도움이 된다고 하였습니다. 오랫동안 쉬고 있었던 근육을 조정하는 힘을 얻게 되기 때문입니다. 노화로 인한 질병은 주로 운동 부족에서 옵니다. 트레이너들은 90세까지 운동을 통해 두 달 안에 힘을 세 배로 키울 수 있도록 교육을 받습니다. 이 운동을 통해 그들의 마음에도 자극이 되는 효과가 있습니다.

우리의 두뇌는 우리가 그것을 사용하는 것을 멈추기 전까지는 시들거나 죽지 않는다는 것을 밝혀냈습니다. 우리의 정신력을 계속 추구하고 연습하는 만큼, 우리의 삶에 흥미를 느끼는 만큼, 두뇌는 깨어 있게 됩니다.

우리의 두뇌를 자극하지 않으면, 삶은 지루하고, 따분해질 것입니다. 자신의 질병에 관한 이야기만 하고, 운동하지 않는 사람의 삶은 얼마나 작고 나약한가요.

노년에 관한 연구는 대부분 제약 회사에 의해서 '질병'에 대하여, 무엇이 잘못되었는가? 그리고 어떤 약을 먹어야 하는가로 국한되어 있습니다. 노년의 삶을 건강하고, 행복하게, 충만하고, 즐기는 사람에 관한 연구가 필요합니다. 나이 든 사람들에 대해 '무엇이 좋은가?'라고 연구한다면, 건강한 삶을 완성하는 데 있어 더 많은 것을 알게 될 것입니다. 안타깝게도 제약 회사들은 건강한 사람을 통해 돈을 벌지 않습니다. 그러므로 이런 연구는 진행하지 않는 것입니다.

나이가 몇 살이든 어떤 문제를 가지고 있든 상관없이 우리는 긍정적인 변화를 만들어 가야 합니다. 자신을 사랑하고 소중히 여기기로 다짐한다면, 우리는 사랑에 대해 배울 수 있게 됩니다. 나 자신을 매일 조금씩 더 사랑한다면, 다른 사람을 위한 사랑의 마음도 조금씩 열리게 될 것입니다. 사랑의 법칙은 '원하지 않는 것'이 아닌, '원하는 것'에 더 관심을 주는 것입니다. 다음의 긍정 확언을 사용하십시오.

'지금 이 순간 나는 나 자신을 온전히 사랑합니다.'

나이가 들어갈수록 존경받고, 존중받기를 원한다면, 준비 작업으로 우리 삶에서 만나는 어르신들을 존경하고, 존중해야 할 것입니다. 내가 어르신들을 대하는 대로 내가 노년이 되었을 때, 대접받게 될 것입니다. 노년의 삶에 대해 듣는 것이 중요한 만큼 새롭게 떠오르는 시니어 여성의 활력있는 목소리를 듣는 것이 중요합니다. 우리는 그들로부터 배워야 할 것이 많이 있습니다. 이 여성들은 에너지와 지혜와 지식이 넘쳐나고 있습니다. 그들은 인생을 나이 들어가는 과정이 아니라 깨어남의 과정이라고 말합니다. 그리고 계속해서 성장합니다.

제가 강력하게 추천하고 싶은 책은 게일 쉬이의 『Mapping Your Life Across Time』입니다. 우리는 모두 마음속으로 훌륭한 노년의 삶을 살기를 원합니다. 그녀의 통찰은 이런 어른의 삶에 새로운 지도를 만들어 주어 삶의 변화를 일으키고 있습니다. 당신이 젊은 나이라면, 앞으로 긴 인생을 살게 될 것이며, 지금이 바로 즐기며, 충만한 여생을 준비할 때라는 것입니다.

　이렇게 긍정적인 변화를 위해 도움이 되는 확언을 사용하세요. 우리가 모든 생각과 말로 확언을 하는 동안 긍정적인 문장을 의식적으로 만들어 내어 우리의 생각을 새롭게 바꾸게 될 것이며, 새로운 삶의 방법을 받아들이게 될 것입니다. 노년이 되었을 때, 아주 훌륭한 어른이 되었을 때 힘이 될 수 있는 확언을 선택하세요. 매일 몇 개의 확언이라도 해 보세요. 아침에 일어나서 먼저 해 보고, 잠들기 전에 해 보세요. 당신 하루의 시작과 끝을 긍정의 노트로 시작해 보세요.

- 나는 내 인생의 전부를 내 앞에 두고 있습니다.
- 나는 어느 나이에서나 젊고, 아름답습니다.
- 나는 충만하고, 생산적인 방법으로 사회에 기여할 것입니다.
- 나는 나의 재정과 건강과 나의 미래를 책임지고 있습니다.
- 나를 만나는 모든 사람이 나를 존중합니다.
- 나는 내 인생의 아이들과 청소년들을 존중하고, 존경합니다.
- 나는 새로운 날들을 기쁨과 에너지로 맞이할 것입니다.
- 나는 날마다 에너지가 넘칩니다.
- 나는 밤마다 깊은 숙면을 취합니다.
- 나는 매일 새롭고 다양한 생각이 떠오릅니다.
- 내 인생은 멋진 모험입니다.
- 나는 삶이 가져다주는 모든 경험에 열려 있습니다.
- 나는 제한하지 않습니다.
- 나는 큰 소리로 말할 것입니다. : 내 목소리는 사회 지도

자들에게 들려질 것입니다.

- 나는 내면의 아이와 함께 시간을 보낼 것입니다.
- 나는 명상하고, 걷고, 자연을 즐기고, 나만의 시간을 즐 깁니다.
- 크게 웃는 것은 내 인생에서 중요한 부분입니다.
- 나는 아무것도 감추지 않을 것입니다.
- 나는 지구를 치유하는 방법을 생각하며 그것을 시행할 것입니다.
- 나는 삶의 조화를 위해 기여할 것입니다.
- 나는 이 세상의 모든 시간을 가지고 있습니다.
- 나의 남은 인생은 최고의 날들이 될 것입니다.

치유의 명상을 위해

나는 지나간 과거에 대해 감사합니다. 나의 부와 지식은 성장하고 있으며, 내면의 지혜와 연결되어 있습니다. 인생의 모든 순간마다 수호천사의 인도를 받고 있습니다. 내 인생을 어떻게 살아야 하는지 알고 있습니다. 나는 젊음과 건강을 유지하는 법을 알고 있으며, 매 순간 나의 몸은 새로워지고 있습니다. 나는 활력 있고, 생동감 있으며, 건강하고, 완전히 살아있으며, 남은 삶을 위해 이바지하고 있습니다. 나는 내 나이에 대해 만족하며 평온합니다. 나는 내가 원하는 관계를 맺고 있습니다. 내가 필요한 재정

상태를 이루고 있습니다. 나는 의기양양할 줄 압니다. 남은 인생은 내 인생 최고의 날이 될 것입니다. 나는 모든 방면에서 최선을 다할 것이며, 내가 사랑이라는 것을, 그리고 기쁨, 평안 그리고 무한한 지혜라는 것을 지금부터 영원히 기억할 것입니다.

　네! 정말 그렇습니다!

Chapter 10

미래를 위한 안정적인 재정 만들기

여성은 살면서 남성으로부터 보호를 받으며 살아왔습니다. 남자들은 때로 여성들에게 '작고 예쁜 머리로 재정적인 부분은 건드리지 말 것.'이라는 태도를 보여 왔습니다. 아빠와 남편은 재정을 감당하지요. 하지만 그것이 이혼이나 과부로 사는 삶을 준비하지 못하게 하는 이유가 됩니다. 우리의 작고 예쁜 머리로도 돈을 관리하는 방법을 충분히 배울 수 있습니다. 사실 초, 중학교의 대부분 소녀는 수학에서는 소년들보다 앞서기도 합니다.

지금은 여성들이 투자와 자금 관리에 대해 더 배워야 할 시기입니다. 여성은 완전히 유능합니다. 모든 여성은 재정적인 독립을 해야 합니다. 하지만 우리는 재정적인 것에 대해 조금밖에 배우지 못했습니다. 학교에서든지, 가정에서든지 우리는 세계 경제의 흐름에 대해 배우지 못했습니다. 전통적인 가정에서는 남자가 자산을 관리하고, 여자는 아이를 돌보며, 집안 청소를 해야 했습니다. 많은 여성이 남자들보다 돈 관리를 더 잘합니다. 그리고 어떤 남자들은 여자보다 더 요리와 청소를 잘합니다. 재정적인 부분이 남자들만의 세계라고 말하는 것은 그 안에 여자들을 지키는 것을 포함한다는 뜻입니다.

많은 여성이 재정이라는 말에 두려움을 갖고 있습니다. 그것은 생소한 주제이기 때문입니다. 이제는 여성들이 이해하지 못했던 오래된 생각들을 넘어서야 한다고 생각합니다. '잘은 모르지만, 나는 내가 생각하는 것보다는 똑똑해. 그리고 나는 새로운 것을 배울 수 있어. 나는 수업을 신청하고, 강의를 듣고, 독서를 하고, 스터디 그룹을 만들 거야.'

돈과 세계의 재정에 대해 배운다면, 우리는 더 두렵지 않을 것입니다.

여기 샌디에이고에는 여성을 위한 재정교육학원을 운영하는 비영리 재단이 있습니다.

수업을 들은 사람에게는 비용을 받지 않고 소비자를 위한 신용 상담을 진행하고 있습니다. 대부분 대학에서 저녁이나 주말에 지속적인 교육프로그램을 운영하고 있습니다. 그 수업들은 여성이 재정 관리와 투자를 할 수 있도록 도와주는 것을 목표로 하고 있습니다.

이것은 여성들에게 자신감을 심어줍니다. 여러분이 살고 있는 지역에도 이와 같은 수업이 있을 것입니다. 한 번 찾아보세요.

모든 여성은 돈과 재정, 그리고 투자에 대해 이해하고 있어야 합니다. 당신이 행복한 유부녀여서 현모양처가 되기 원하고 자녀를 사랑하지만, 그런데도 재정에 대해서는 반드시 알아야 할 필요가 있습니다. 만약 남편과 어느 날 갑자기 사별하거나 이혼을 한다면, 당신은 자녀를 혼자서 잘 키울 수 있나요? 재정 교육을 받지 않았을 때, 이 시점에서 여성들은 심각한 문제에 봉착하고 맙니다. 당신이 할 수 있을 때, 돈과 재정 그리고 투자에 대해 배우십시오. 당신이 필요해지기 전에 배워 두세요. 활용하기 전까지는 필요하지 않기 때문입니다. 지식은 항상 힘이 됩니다.

만약 돈을 조금씩 모으기 시작했다면, 우리는 이미 부자의 길을 가기 시작한 것입니다. 우리는 모아둔 돈이 늘어나고, 쌓이는 것을 보는 재미가 있습니다. 저축을 시작함으로써 우리는 투자자가 될 수 있습니다. 그러면 당신이 돈을 위해 일하는 것이 아닌 돈이 당신을 위해 일하게 될 것입니다. 제가 사용하는 확언이 있습니다.

'나의 수입은 지속해서 늘어납니다. 그리고 나는 어디를 가든지 번창합니다.'

저는 개인적인 돈에 대한 규칙을 만들었습니다. 당신도 할 수 있습니다. 이것은 당신의 금전에 대한 의식을 변화시키는 데 도움이 될 것입니다. 저는 경험에서 말합니다.

왜냐면 저는 가난했고 정말 가난했습니다. 인생 대부분의 시간에 돈이 없었습니다. 그래서 저는 부에 대한 풍요로운 의식을 가지지 못했습니다. 저는 가난의 의식을 가지고 있었습니다. 하지만 지금은 올바른 의식을 가지게 되었습니다. 그 말의 의미는 나 자신과 삶, 그리고 금전에 대한 내 생각이 변화되었다는 것입니다. 생각에 변화가 일어나자 저의 의식과 나의 세상이 변화되었습니다.

저는 불황에 태어난 아기였습니다. 돈은 거의 볼 수가 없었습니다. 뜨거운 물도 나오지 않았고, 어린 시절엔 나무에 불을 붙여 요리해 먹었습니다. 냉장고는 들어 보지 못한 사치품이었죠. 아버지는 정부에서 지원하는 WPA라는 일자리 지원 프로그램에서 일했고, 아주 적은 소득을 유지하고 있었습니다. 아직도 기억하는 것은 제가 잡화점에서 일하게 되었을 때의 기쁨입니다. 그 시기가 저의 의식이 확장되는 때였습니다. 저는 창고에서도 일하고, 저녁 시간에도 일했습니다. 사소한 일들까지 맡아서 열심히 했습니다. 그것이 제가 감당해야 할 일이라고 생각했습니다.
하지만 이런 신념이 깨지기까지 오랜 시간이 걸렸습니

다. 더 많은 것을 이해하게 되면서 우주에는 풍요로움이 있다는 것을 깨달았습니다. 이 풍요로움은 의식이 확장된 사람들에게 가능한 영역입니다. 우주는 나누고 베푸는 것을 좋아합니다. 우리는 힘든 시간을 보냈습니다. 의식을 확장하여 번영을 선택하고, 받아들이고, 번창할 수 있다는 생각을 하기 전까지는 항상 부족한 상태로 남게 될 것입니다.

우주가 나누고 베푸는 것을 우리는 받아들여야 합니다.

대부분 여성은 이야기합니다. "나는 돈이 필요해.", "나는 돈을 원해." 이렇게 우리가 하는 모든 것에서 벽을 세우기 때문에 돈이 들어오기가 힘든 것입니다. 가장 힘든 강의가 바로 재정적인 번영에 관한 부분입니다. 사람들은 번영에 대한 생각을 바꾸려고 할 때 굉장히 많이 화를 냅니다. 돈이 절실히 필요했던 그 여인은 가난에 대한 강한 신념을 가지고 있었습니다. 지금까지 가지고 있던 돈에 대한 믿음이 바뀌면서 굉장히 분노합니다. 누구라도 자신의 제한된 신념을 변화시킬 수 있습니다. 하지만 변화보다 더 힘든 것은 그 과정에서 당신의 가능성에 대한 두려움입니다.

돈에 관한 신념 리스트를 작성해 보세요.

돈에 관해 내가 가진 생각은…

1.
....

2.
....

3.
....

4.
....

5.
....

6.
....

7.
....

8.
....

9.
....

10.
....

당신이 생각하는 돈에 대한 신념을 모두 적어 보세요. 어렸을 때 돈에 대해 들었던 말, 직장에서 수입과 번영에 대해 들었던 모든 기억을 떠올려 보세요. 그리고 당신이 지금 돈에 대해 어떻게 느끼고 있는지 적어 보세요. 돈이라는 단어를 생각하면 어떤가요? 돈을 싫어하나요? 더럽고 치사하다고 느끼나요? 돈이 들어올 때 짓밟고 싶은가요? 백억 수표에게 사랑스럽게 말을 걸어본 적이 있나요? 월급이 들어올 때 감사한 마음을 표현하나요? 당신을 믿고, 현금을 지급하는 서비스를 제공해 준 통신 회사에게 감사한 적이 있나요? 수입이 생겼을 때, 진심으로 감사하나요? 아니면 늘 부족하다고 불평하나요? 돈에 대한 당신의 태도를 살펴보세요! 지금 새롭게 발견한 부분에 대해 놀라게 될 것입니다.

처음 돈을 벌기 시작했을 때, 저의 의식은 굉장히 낮았습니다. 그래서 돈을 쓰는 것에 대해 매우 큰 죄책감을 느끼곤 했습니다. 저는 이런 마음을 버리고 싶었고, 벗어나고 싶어서 돈을 헤프게 쓰기도 했습니다. 추가 수익을 갖게 되는 것에 대해 불편했던 마음은 돈에 대한 낮은 의식

때문이었습니다. 그 신념을 바꾸는 데 오랜 시간이 걸렸습니다. 이제는 그 돈을 감사히 받아들이며 모을 수 있다는 것을 알게 되었습니다.

우리가 의식을 창조하지 않으면 아무것도 삶에 들어오지 않는다는 것을 여성들은 이해해야 합니다. 수익이 들어온 것은 그에 맞는 의식이 있었기 때문입니다. 우주의 은행에 긍정 확언의 의식을 저금해야 합니다. 그것을 충분히 저금할 때, 번영이라는 것을 되돌려 줄 것입니다. 당신의 삶에 좋은 것이 들어오는 것에 대해 '이래도 되나?' 하는 죄책감을 느끼지 마세요. 당신은 이미 얻었습니다! 대가를 지불하지 않아도 됩니다. 이미 당신의 일을 하고 있습니다. 그래서 여기 있는 것입니다.

당신의 수익이 오르기 시작할 때, 하는 일에서 성과가 나고, 금전이 흘러오기 시작할 때, 의식에서 이미 다 경험한 것입니다. 이 문장은 당신이 즐겨 사용할 수 있는 긍정 확언입니다.

나는 이미 이만큼 벌었다. 가지고 있다. 난 이미 수익을 얻었다!

그러고 나서 감사하며 기뻐하십시오. 이전에도 말했듯이 우주는 감사하는 사람을 사랑합니다.

왜 나는 풍요롭지 못하지? 하는 생각을 하느라 시간을 낭비하지 마세요. 우리는 모두 잠재의식의 규칙에 따라 운영되고 있습니다. 모든 사람은 새로운 생각을 잠재의식에 심어줄 때 좋은 것을 창조할 수 있습니다. 영적인 깨어남은 항상 우리 앞에 있습니다. 그것을 받아들일지는 당신에게 달려있습니다. 기회는 항상 그것을 받아들이는 사람에게 가능한 일입니다. 학생이 준비되면 선생님이 나타나듯 준비가 될 때 그 시기가 찾아옵니다.

또 한 가지 제안하고 싶은 것은 수입의 십 분의 일을 당신을 위해 사용하십시오. 이것은 굉장히 강력한 일입니다. 당신 자신에게 십 분의 일을 사용하는 것은 우주에 이렇게 말하는 것입니다.

'나는 가치가 있다. 나는 자격이 있다. 나는 선택받았다.'

저는 벌어들이는 수익의 10~20%를 자신을 위해 사용하라고 여성들에게 제안합니다. 당신의 수입에서 있어 가장 우선시되어야 합니다. 생활비로 쓰면 안 됩니다. 돈을 모아서 집이나 사업에 있어 목돈으로만 사용해야 합니다. 이것은 당신이 재정을 낭비하지 못하게 지켜줄 것입니다. 소액으로 시작했다면, 돈을 더 저금하십시오. 얼마나 빨리 늘어나게 되는지 놀라게 될 것입니다. 자기 자신을 위한 십일조를 하는 것은 자신을 사랑하는 행동이며, 자존감을 세우는 데 도움이 될 것입니다.

교회에서는 오직 하나님께만 십일조를 하라고 합니다. 하지만 당신은 신의 형상을 가진 신의 일부입니다. 당신은 모든 것 중의 하나입니다. 영적으로 당신이 원한다면 교회에 십일조를 하십시오. 하지만 자기 자신에게도 하십시오. 수익이 더 늘어날 것을 기다리지 말고, 지금 시작하십시오.

가난한 생각으로는 십일조를 줄 만큼 돈을 벌지 못할

것입니다. 믿음을 갖고, 가진 것을 써 버리기 전에 당신을 위한 십일조를 최우선으로 하십시오. 그러면 점점 많은 재물을 모으게 될 것입니다. 이것이 얼마나 삶에 좋은 것을 가져다 주는지 당신을 놀라게 할 것입니다. 돈을 끌어 모으는 자석처럼 당신 자신에게 십일조를 하십시오!!!

Chapter 11

여성이 여성을 도울 때

이 책은 새로운 변화를 원하는 '여성 모임'에서 활용할 수 있습니다. 여러 경험으로 쌓인 제한되고 오래된 신념에 대해 확언을 사용할 수 있으며, 확언을 통해 매일 변화된 삶을 다른 사람들과 함께 나누게 될 것입니다. 그리고 모임에서 나누게 되는 놀라운 에너지가 삶의 변화를 일으키는 힘이 될 것입니다.

모임을 만드는 데 완벽할 필요는 없습니다. 당신의 삶에서 이 책의 내용을 충분히 경험한 후에 다른 여성들에게 나누며 도전을 줄 수 있습니다. 모임을 이끄는 것은 참가자나 지도자에게나 성장하는 과정이 될 것입니다. 그래서 당신 안에 있는 무언가가 꿈틀거리기 시작할 것입니다. 멋지지 않나요? 이것은 지속적인 치유와 성장의 과정이 될 것입니다. 이 지구에서 나 자신을 사랑하고, 타인을 사랑하는 것이 가장 중요한 사명임을 잊지 마십시오!

이 책은 일주일에 한 번씩 모이는 친구들의 모임에서도 가볍게 활용할 수 있습니다. 만날 때마다 책의 목차대로 나눔을 가질 수 있습니다. 또는 매주 다른 목차로 진행을 해도 됩니다. 저의 다른 책들 루이스 L.헤이의『치유』,『해피나우』,『나는 할 수 있어』등을 참고하세요.

모임에서 나눌 때 "정말 끔찍하지 않니?"하는 식으로 삶의 다양한 논쟁거리를 비판적인 방향으로 이끌어 가지 마세요. 당신을 성장시키는 디딤돌로 모임을 이끌어 가세요. 낡은 신념을 지지하거나 이번 주에 누가 제일 힘들게 살았는지 이야기하거나 낡은 신념들을 그대로 이어가면 좋지 않습니다. 긍정적인 변화를 위해 모임을 이끌어 가십시오.

제일 중요한 것은 당신이 무엇을 믿고 있었는지 발견하는 것입니다. 이것은 당신의 눈을 뜨게 해 줄 것입니다. 노트에 여러 장의 페이지를 펼쳐서 맨 위 칸마다 다음의 주제를 하나씩 써 보세요.

: 내가 이것에 대해 믿고 있는 것은···.

남자

직업

여자

돈

나 자신

부의 번영

관계

투자

헌신

건강

결론

나이 드는 것

가족

226

죽음

자녀

내면에 있는 신념을 통해 잠재의식은 당신의 삶을 지배합니다. 당신이 부정적인 신념을 가지고 있는 이상 긍정적인 변화를 일으킬 수 없습니다.

여러분이 작성한 리스트를 여러 번 읽어 보세요. 그중에서 힘이 되고, 도움이 되는 생각에는 별표를 쳐 보세요. 이런 신념들은 계속 유지하며 강화해야 합니다.

목표를 이루는 데 있어 방해되는 부정적인 신념에는 체크 표시를 해 보세요. 그것은 당신이 할 수 있는 것을 이룰 수 없도록 끌어내리는 신념입니다. 지우거나 다시 새롭게 작성해 보세요.

더 많은 주제를 생각해 보고 싶을지도 모릅니다. 주말에 시간을 내어 정리하고 싶을지도 모릅니다. 여러 사람과 함께 작성한 목록에 대해 함께 이야기를 나누어 보세요.

서로를 지원하는 모임을 시작하기 위해 몇 가지 유용한 도움말을 제시합니다.

안심하고 깊이 나눌 수 있는 공간을 마련하세요. 모임이 잘 진행되기 위해 서로가 가면을 내려놓고, 솔직한 마음을 나눌 때 비밀을 지켜줄 수 있는지 모든 사람의 동의를 구하세요. 아무도 '완벽한' 삶을 기대하지 않을 것입니다. 이 모임은 우리 삶에 직면한 모든 문제에 대해 새로운 방법을 배우기 위한 것입니다. 모임 장소는 당신의 거실이 될 수도 있고, 세미나실도 학습 공간이 될 수 있을 것입니다.

판단하지 말고, 받아들이는 태도입니다. 누군가에게 "반드시 해"라고 말하지 마세요. 그들의 생각과 관점에 변화가 필요하다면 여러 방법을 제안하세요. 만약 자신이 판단 받는다고 생각되면, 즉시 방어적인 태도를 보일 것입니다.

모임이 시작되기 전에 확언을 사용해서 자기 자신에게 집중해 보세요.

"내 생각과 말과 행동을 영(spirit)으로 인도해 주세요.", "우리 안에 있는 하늘의 지혜가 이 시간을 이끌어 갈 줄 믿습니다." 모임을 진행하는 동안 어떤 일이 생긴다면, 즉시 깊은숨을 들이마시고, 이 긍정 확언을 생각하시면 됩니다.

모임의 시작 전에 다음 사항들을 제시해 보세요!

- 모임 시간을 지킵시다!

- 모든 순서에 다 참여해 주세요. 지속적인 참여가 중요합니다.

- 다른 사람이 나눔을 할 때는 집중해서 경청해 주세요.

- 다른 사람이 말할 때 이야기를 끊지 마세요.

- 모임에서 이야기한 것에 대해 모두가 비밀을 지키겠다고 약속해 주세요. 자신의 이야기를 나눌 때 안심할 수 있는 것이 특히 중요합니다.

- 각 주제를 나누는 것이 중요하지 인생의 전체 이야기를 나눌 필요는 없습니다. – '나' 화법을 사용하세요. '그 사람이', '그 사람들' 때문에라고 하지 마세요.

- 시간을 지켜서 다른 사람의 이야기도 나눌 수 있도록 기회를 주세요.

- 매번 모임을 통해 자신의 이야기를 나누는 것이 중요합니다. 모임에 사람이 많아진다면, 5~6명의 그룹으로 나눠서 모임을 진행하세요.

- 가끔 모임에 말을 많이 하는 사람이나 이의를 제기하는 사람이 있습니다. 집중하지 않는 행동을 하거나 두려움을 주는 행동을 통해서 모임을 지배하려는 사람이 있습니다.
  좋은 방법은 모임이 끝난 후에 개인적으로 이야기하는 것입니다. 사랑스러운 태도로 이야기하십시오. "모임에서 당신이 많은 것을 나눠줘서 정말 고마워요. 그런데 이 모임을 어색하게 생각하는 사람들이 많이 염려되어요. 다음 주에는 다른 사람들이 먼저 말하게 하고, 그 다음에 이야기하는 건 어떨까요?" 당신을 도와줄 업무를 이 여성에게 맡기는 것도 도움이 될 것입니다.

- 의식을 깨우는 데는 경험이 중요합니다. 모임의 순서마다

'미러 워크'나 '내면 아이 명상' 등을 반드시 함께 경험해 보십시오.

- 융통성 있게 진행하십시오. 모임이 당신이 계획한 대로 진행되지 않을 것입니다. 뭔가 영적으로 강력하게 진행되고 있다는 생각이 들면, 그 흐름에 맡겨 보세요!

- 잘하고 있는지 당신의 모습과 반응들을 종종 모니터해 보세요. 걱정이 되거나 불충분하다고 느껴지면, 깊은숨을 여러 번 들이쉬고, 쉬었다가 조용히 긍정의 확언을 말해 보세요.

- 어려움에 빠진 사람과 논쟁하지 마세요. 그 사람의 드라마에 빠져드는 일입니다. 모임의 지도자로서 치유는 누구에게나 일어날 수 있다는 것을 '아는 지식'을 붙잡으세요. 배려하는 상황을 만들어 주세요. 질병이나 재정적 어려움, 관계의 문제보다 '영spirit'이 실제적인 권력이 있습니다.

- 유머를 발휘하세요! 웃음이야말로 다른 관점을 얻을 수 있는 좋은 방법입니다.

- 모임에 있는 여성들은 때로 표현하고 해소해야 할 깊은 감정들이 있습니다. 후회, 분노, 격분하는 감정을 표현할 때 그것을 잘 받아 줄 수 있어야 합니다. 만약에 당신이 그 상황에 두려운 마음이 든다면, 신뢰할 만한 심리치료사에게 두려움을 치료받으세요.

- 각 순서가 끝날 때마다 거울로 가서 특별히 모임을 이끌면서 얼마나 새로워졌는지 얼마나 잘했는지, 자기 자신에게 말해 주세요.

- 모임의 시작과 끝에 명상하거나 내면에 집중할 수 있는 시간을 가지세요. 간단하게 할 수 있는 방법은 참가자들에게 눈을 감게 한 후 두세 번 깊이 호흡하게 하십시오. 모두가 둥그렇게 손을 잡게 하고, "옆에 있는 사람의 에너지를 느껴봅니다. 그리고 이 공간에 있는 모든 사람은 같은 것을 원합니다. 각자가 건강하고, 풍요로운 삶을 살며, 사랑을 주고받으며 충만한 삶을 위해 창조적으로 표현하기를 원합니다." 이렇게 명상을 마무리하면서 "더 나은 삶을 위해 여기 모인 각 사람에게 배워야 할 것이 있습니다. 모든 것이

잘 되고 있습니다. 우리는 안전합니다."라고 말하십시오.

- 모든 모임마다 모든 주제마다 분위기가 다를 것입니다. 여러 모임과 주제에 따라 에너지가 어떻게 흐르는지 배우십시오.

- 순서마다 당신이 필요한 것은 이것입니다.
    - 조용한 명상 음악
    - 손거울 / 혹은 전신 거울
    - 종이와 펜
    - 티슈
    - 분위기를 만들어 줄 양초나 향(선택)

- 참가자들에게 모일 때마다 메모할 수 있는 다이어리 노트나 손거울을 가지고 오라고 하십시오. 혹은 명상에 쓰일 쿠션을 가지고 올 수도 있습니다. 안고 있을 동물 인형도 괜찮습니다!!!

결론

여러분은 인생에 문제가 더 많이 있다고 생각할 수도 있습니다. 저는 네 가지 범주로 분류해 보았습니다. 사랑, 건강, 재정, 그리고 자기표현.

이것이 삶에 어떠한 모습으로 우리를 힘들게 할 지 몰라도 딱 4가지 영역으로 정리해 보았습니다. 우리가 나 자신을 사랑할 때, 다른 사람을 사랑할 수 있고, 다른 사람의 사랑을 받아들일 수 있습니다. 이것은 인간관계와 직장생활을 개선해 줄 것입니다. 또한, 나 자신을 사랑하는 것은 건강한 삶을 위한 핵심 요소입니다. 삶과 나 자신을 사랑하는 것은 또한 우주의 풍요로움과도 연결되어 있습니다. 자신을 사랑하는 것은 자신을 더 표현하게 하며, 더 깊고 충만한 방법으로 창조적인 삶을 만들어 줄 것입니다.

우리는 모두 개척자입니다!

....

저의 예감으로는 앞으로 모든 여성이 개척자가 되리라는
것입니다. 미국의 초기 개척자, 여성들은 '타오르는 길' 같
은 존재였습니다. 위험을 감수하며, 외로움과 두려움을 극
복하며, 빈곤과 어려움을 감당했습니다. 식량을 위해 장막
을 지었습니다. 결혼했지만, 남자들은 일정 기간 집을 멀
리 떠나야 했습니다. 여성은 자신과 자녀들을 스스로 보
호했습니다. 그리고 이 나라에 정착하기 위한 기초 공사
를 했습니다. 이렇게 용감한 여성들이 없었다면 남자들은
미국을 개척하지 못했을 것입니다.

오늘의 개척자는 바로 여러분과 저입니다. 삶을 더욱
풍성하게 살아가며 성 평등의 문화를 일으키는 개척자입
니다. 어느 곳에 있든지 여성을 위한 삶을 개선하는 데 꽃
을 피우게 될 것입니다. 여성들이 더욱더 높은 단계의 성
공과 자유를 성취해야 한다고 하는 데는 이유가 있습니
다. 이런 흐름에 어떤 모험을 해야 할 지 잘 탐색해 봐야
합니다. 우리에게는 삶에 대한 새로운 안내서가 필요합니

다. 사회는 미지의 바다로 향하고 있습니다. 이제 어떤 것을 성취하면서 나아가야 할 지 배워야 합니다. 이제 당신만의 나침빈을 틀고 따라오세요. 우리는 배우고, 나눠야 할 것이 많습니다. 어느 배경에 있든지 우리는 모두 지도를 새롭게 만드는 사람이며, 우주의 개척자입니다.

우리는 이 땅에 홀로 태어났으며, 홀로 죽습니다. 탄생과 죽음 사이의 과정을 무엇으로 채워 갈 지는 우리의 선택입니다. 창의력과 가능성에는 한계가 없습니다. 내가 가진 가능성에서 기쁨을 발견하시길 바랍니다. 많은 사람이 내가 나 자신을 스스로 돌볼 수 없다는 신념 속에 자라왔다는 것을 압니다. 그러므로 내가 할 수 있다는 것을 깨닫게 된 것이 얼마나 놀라운 사실인가요? 나 자신에게 이렇게 자주 이야기해 주십시오.

"무슨 일이 나에게 생기든, 나는 감당할 수 있어!"

감정의 성숙의 단계에서부터 여성들은 지금 인생에 있어 최고의 변화 시점에 이르렀습니다. 지금같이 좋은 시대는 없습니다. 나만의 정체성을 확립할 수 있는 완벽한 때입니다. 당면한 도전은 어느 곳에든지 여성에 대한 새로운 기준을 다시 세워야 한다는 것입니다. 우리가 생각하고, 경험한 것 이상으로 많은 가능성이 있다는 것을 기억하십시오. 이전과는 비교가 되지 않을 만큼 많은 기회가 여성들에게 펼쳐지고 있습니다. 지금이야말로 여성의 삶을 증진시키는 데 함께 협력해야 할 것입니다. 이것은 바로 남성들의 삶을 증진하는 것과 같습니다. 여성이 만족하고, 충만하고, 행복할 때 우리는 함께 일하고 살아가는 최상의 협력자가 되기 때문입니다. 남자들 역시 평등해지는 것에 대해 무한한 안정감을 느끼게 될 것입니다.

여성들이 서로 도와주며, 성장의 길로 가기 위해는 유대감을 더욱 강화해야 합니다. 남자들을 제치고 여자들이 어떻게 이겨야 하는지, 하는 옛날 방식으로 경기할 시간이 없습니다. 여성들은 스스로 자신의 길을 개척해야 합니다. 우리의 자녀와 손주들에게는 이 힘을 물려줘야 하고요. 우리의 어머니, 할머니, 증조할머니들이 참고 견뎌온 학대와 무시는 다시는 겪지 말아야 합니다. 여성들이

자신의 힘으로 서로 연합할 때, 우리는 이러한 자유와 권
위를 성취할 수 있습니다.

당신 자신을 사랑하세요. 그리고 당신의 인생을 사랑하
세요!

역자 후기

점점 마음이 무거워졌습니다. [맘스라디오] 초기에는 경력단절 여성들이 사무실에 많이 찾아왔습니다. 끼 있고, 재능 있는 엄마들이 언제, 어떻게 다시 자신의 꿈을 펼칠 수 있을지 고민하면서 같이 콘텐츠를 만들었고, 그러다 보면 새로운 길이 열리고, 그것이 [맘스라디오]의 기쁨이었습니다. 그런데 요즘 만나게 되는 엄마들의 사정은 점점 더 무거워졌습니다. 배우자의 외도, 폭력, 이혼이라는 과정을 겪으며 아이를 키우고, 동시에 생활전선에 뛰어들어야 하는 막막한 사정을 가진 엄마들… 자존감이 낮아질

대로 낮아진 상태에서 육아도 경제 활동도 버거워하는 분들을 보며, 요즘 유행하는 '돈 버는 법'에 대한 정보, 그 이상의 것이 필요하나고 생각했습니다. 마침 스타라잇의 공동대표인 엄남미 작가님이 루이스헤이의 책『Empowering Woman』을 번역해 볼 것을 제안해 주셨고, 저는 이 책이 이 시대 엄마들에게 꼭 필요한 메시지를 담고 있다는 생각에 번역 작업에 도전했습니다.

루이스 헤이의 책을 번역하는 것은 너무나 영광스러운 작업이었고, 개인적으로도 삶을 어떻게 살아야 하는지, 스스로 온전히 사랑하는 방법에 대해서 많은 깨달음을 얻게 되었습니다. 마치 그녀가 제 옆에서 따뜻한 음성으로 이야기해주는 듯한 느낌이었고, 저는 깨달은 내용을 한 마디 한 마디 받아 적으며 행복한 시간을 보냈습니다. 우리는 서로 연결되어 있습니다. 이 책은 나의 친구들, 나의 자매, 나의 어머니, 그리고 길 위에서 만나는 여성들의 이야기입니다. 그러므로 '나'에 대한 이야기입니다. 한 여성이 스스로를 사랑하는 것이 무엇인지, 온전한 두 발로 서서 삶을 누리는 것은 무엇인지 따뜻한 음성으로 전해주는 그녀의 메시지를 들어보십시오! 스스로 사랑함으로 행복해지십시오! 행복한 엄마가 되어 아이들에게 '진정한 행복'을 선물해 주십시오! 지금도 고군분투하며, 삶의 무거운 짐을 안고 살아가는 모든 여성에게 이 책이 삶을 임파워링 하는 기회가 되길 바랍니다! 같은 길을 가는 모든 여성에게 사랑과 축복의 마음을 전합니다.

2021. 2. 1
―맘스라디오 김태은

추천사

아주 어린 아이였을 때 성추행을 당한 루이스 헤이는 그
때부터 어쩌면 강력한 영적인 여행을 떠나기로 마음먹었
을지도 모릅니다. 남들보다 더 크게 깨달아 사람들을 치
유하는 능력은 바로 그녀의 철저한 영적 훈련, 즉 보이지
않는 무한한 힘을 믿고 긍정적인 생각과 행동으로 실천한
것뿐입니다. 과거의 상처에 얽매여 삶을 포기했더라면 그
녀는 지금 여기에서 우리에서 치유의 메시지를 전해주지
못했을 것입니다.

저도 여성으로서 아이를 낳고 양육하고 돌보는 과정에서 큰 사고도 있었고, 육아를 하는 과정에서 누군가를 돌본다는 것이 내 자신이 성숙한 자아가 아닌 이상 참으로 어려운 일이란 생각이 들었습니다. 하지만 루이스 헤이의 『치유-있는 그대로의 나를 사랑하라』를 읽고 매일 확언을 쓰면서 긍정적인 생각의 중요성을 깊이 깨달았습니다. 그녀의 철학을 적용한 결과, 삶의 모든 분야에서 풍요와 성장, 자유, 평화, 건강을 누리게 되었습니다. 14년간 방송 작가로 활약한 김태은 작가는 특히 여성의 상처를 어루만지고 치유하는 힘이 있습니다.

번역가의 에너지가 강력하기 때문에 이 글이 주는 메시지는 여성들에게 강력합니다. 이 책이 미래의 여성의 임파워링 능력을 강화시켜 공부하고 준비할 수 있는 역할을 크게 하리라 기대합니다.

—엄남미, 스타라잇 출판사 대표

루이스 L. 헤이에 관하여

루이스 L. 헤이는 『치유-있는 그대로의 나를 사랑하라』,
『나는 할 수 있어』, 『삶에 기적이 필요할 때』, 『해피나우』
를 포함하여 수많은 책을 출간한 베스트셀러 작가이자 형
이상학을 가르치는 영적 교사입니다. 그녀의 책은 35개
국에서 29개의 언어로 번역되었습니다. 전 세계적으로
5000만 부 이상의 책이 팔리는 초대형 베스트셀러 작가
로서 수많은 사람에게 영감과 치유를 선물했습니다. 30년
이상 루이스 헤이는 개인의 성장과 자기 치유를 위한 창
조적인 힘을 발견하여 사용하는 법을 수백만 명에게 전해

주고 세상에 이바지했습니다. 루이스 헤이는 헤이하우스 출판사의 설립자이자 회장입니다. '헤이하우스 출판사'는 책, 오디오, 비디오를 출간하여 지구의 의식을 치유하는 역할을 해 왔으며, 1926년에 10월 8일에 태어나 2017년 8월 30일에 긍정 확언을 한 대로 세상에서 가장 평화롭게 잠이 든 상태에서 이 세상을 떠났습니다.

웹사이트 : www.LouiseHay.com

　　　　　　www.HealYourLife.com